KB071099

너 자신을 해부하라

너 자신을 해부하라

초판 1쇄 2019년 06월 18일

지은이 신영록
발행인 김재홍
디자인 이근택
교정·교열 김진섭
마케팅 이연실

발행처 도서출판 지식공감
등록번호 제396-2012-000018호
주소 경기도 고양시 일산동구 견달산로225번길 112
전화 02-3141-2700
팩스 02-322-3089
홈페이지 www.bookdaum.com

가격 20,000원
ISBN 979-11-5622-454-9 03190

CIP제어번호 CIP2019020738
이 도서의 국립중앙도서관 출판예정도서목록(CIP)은 서지정보유통지원시스템 홈페이지(http://seoji.nl.go.kr)와 국가자료공동목록시스템(http://www.nl.go.kr/kolisnet)에서 이용하실 수 있습니다.

자신의 급수를 올리는 방법

너 자신을 해부하라

| 신영록 지음 |

도서출판 지식공감

: 카르마 KARMA

카르마(Karma)란 업(業)이라고도 한다.
카르마란 원인과 결과의 법칙이자
뿌린 대로 거둔다는 자기 행위에 대한 결과 값이다.
또한 이번 생에 풀어야 할 과제와 같은 것이다.

서문

올바른 분별력이란 무엇인가?

많은 사람들이 대인관계에서 어려움을 겪고 있는 모습을 보면서 오래전부터 관련 글을 써보려 마음먹고 있었다. 나 또한 한창 젊었을 때 사람을 대하는 법을 알지 못해 곤욕을 치르기도 하였고 사람과 충돌이 나기도 했었다.

그 누군가가 어릴 적부터 자연력과 대인관계에 대한 실천론을 알려주었다면 보다 더 유연하게 인생을 살아왔을 것이다. 물론 살면서 내가 겪은 일들과 인연들을 통해 지금의 내가 있음은 부인할 수 없으나, 그 과정에서 너무 많은 에너지를 소모하였고 사람과의 관계성을 몰라 어려움을 겪은 것은 사실이다.

일반적인 경우, 대인관계에서의 충돌은 카르마의 영향을 받은 성격에서 시작되고 카르마로 연결된 인연에 의해 좌우된다. 나는 카르마와 인연법을 몰랐고 내가 만난 사람들이 나와 어떤 관계성을 가지고 있는지 진정 몰랐다.

나는 나의 카르마가 무엇인지, 내가 어떤 패턴의 삶들을 오래전부터 반복해왔는지를 알지 못하였고, 이런 무지가 나를 이해하고 다른 이를 이해하는 데 어려움을 겪게 만들었다. 지금은 나의 카르마를 이해하여 이번 생에 내가 흘러온 궤적을 이해할 수 있게 되었지만, 한때는 정말 암흑과 같은 마음이 나를 지배했던 적이 있었다.

외부와의 충돌로 인해 나의 에너지가 순환되지 못하니, 기운이 막혀 어느 순간부터 나는 고집스럽고 아집이 강한 사람이 되어있었고, 그 고집과 아집은 나 자신을 보지 못하게 만들고, 남을 보지 못하게 만들었다. 그 결과는 최악이었다.

이것이 얼마나 위험한 일인지 그때는 잘 몰랐고 그 폐해는 나에게 치명적이었다. 그때부터 자멸감이 오기 시작하고 내가 맞이한 결과가 어디서부터 시작되었는지 그 인과를 치열하게 찾기 시작했다.

나를 탓하기도 해보았고 남을 탓하기도 하였으며 주위 모두를 탓해보기도 하였으나 명확한 답을 찾아내지 못해 완벽하게 이해되지는 않았지만, 내가 문제가 있었다는 것으로 귀결되는 반복을 계속하였다. 그러면서 나의 문제점에 대한 책임 회피는 계속되었다.

나의 회피는 일종의 본능적 자기방어였고, 모든 일에는 인과가 존재하는데 내가 겪은 내외적 충돌의 근원적인 원인을 찾아내기가 처음에는 너무 어려웠다. 따라서 항상 결론은 내가 문제일 것이라 추측하는 수밖에 없었다. 그럼에도 불구하고 젊은 시절의 나는 나 자신을 여전히 통제하지 못하였고 자멸감과 자만감의 무한반복을 겪으면서 점점 피폐해져갔다.

카르마의 힘은 점점 커지고 나를 둘러싼 환경이 최악으로 흐르자 벗어나고픈 마음에 나의 문제점과 그 원인을 찾기 시작하였고 그때부터 본격적인 사색과 생각의 집중이 시작되었다.

사색의 간단한 예를 들어보면 나는 사람이 태어나면 모두 평등하리라는 단순한 생각을 깨는 데에도 꽤 오랜 시간이 걸렸다. 이것은 자라오면서 주입받은 관념들에 의해 세뇌된 결과였다. 이 세상에 있는 돌들도 거대한 바위부터 아주 작은 모래까지 천차만별인데, 하물며 우리 인간 또한 에너지가 강한 사람부터 아주 약한 사람까지 다양하게 존재하는 것은 당연한 사실이다. 그런데 알고 보니 나는 나를 지배했던 관념의 노예였던 것이다.

아울러 나는 남이 하면 나도 해낼 수 있으리라 착각했었다. 그러나 남이 하는 것을 내가 척척 해낼 수 없다는 사실을 이해하고 받아들이는 과정의 시간은 무척이나 길었다.

내가 잘하는 것이 있고, 남이 잘하는 것이 있다.
내가 못하는 것이 있고, 남이 못하는 것이 있다.

남과 내가 똑같은 인간이라는 단순한 생각에 가로막혀 나와 다른 사람과의 관계를 규정하는 데에는 많은 시간이 걸렸다. 단순한 명제에 걸려 어리석은 사고를 반복한 셈이다.

나는 나만의 인생목적을 알기 전까지 정신적 고난의 연속을 겪었다. 나는 아무것도 할 줄 모르는 인간인 줄 알았고, 또한 무엇이든 해낼 수 있는 인간인 줄 착각했었다. 성격적 양극단성을 달렸고 남들과 비슷한 것은 싫어했으며 나의 개성을 끝까지 지키려고 노력하였다.

그러나 개성을 지키려 노력하면 할수록 보다 많은 저항이 나에게 다가왔고, 나를 옥죄어 힘들게 하였으며, 그럴수록 나는 더 격렬하게 반응하기도 하였다.

이것은 나의 성격이기도 하였고, 급기야 내 성격에 문제가 있는 것은 아닌지 의심이 들 지경에도 빠져 보았다. 내가 다듬어야 할 것이 있다는 것을 깨달은 것은 오랜 시간이 지난 후였다.

또한 내가 반드시 지켜야 할 나만의 신념이 있다는 것도 깨달았다. 문제는 나 자신과 사회성을 어떻게 조화롭게 맞추어야 하는지를 고민하였고, 이 고민의 시간도 꽤 길었다.

다른 사람들의 생각을 따르면 내가 답답하고, 나의 생각과 주장을 내세우면 에너지가 흐르지 않으면서 관계성이 막히거나 단절되었다. 사람과 사람 사이에는 에너지가 흘러야 하고 또 이해와 협력이 필요하다는 것도 깨달았다.

나는 이것이 인간관계에서 얼마나 중요한지 절감하였다. 반면 사람을 이해함에 있어서 나의 생각을 어느 정도까지 후퇴시켜야 하는지도 딜레마였다.

가령 내가 보는 시각이 있는데 상대의 생각이 얇거나 혹은 깊으면 참으로 난감할 수밖에 없다. 이럴 때는 나의 분별력이 정말 옳고 맞는지를 반복에 반복을 거듭해 살펴보아야 하고, 나와 상대 생각의 각각 문제점을 잡아내어야 한다. 나는 이런 부분들을 집중적으로 고심한 적이 많았다.

세월이 흐르고 흘러 나도 나이가 들고 성숙해지면서 어느 순간 조금씩 세상이 보이기 시작하였다. 아울러 어떻게 처신해야 바른 관계성을 유지할 수 있는지 알게 되었다. 물론 가끔씩 나의 강한 개성이 나올 때도 있으나, 이것을 어떻게 조절해야 하는지 또 어떻게 치고 나가야 하는지를 비로소 이해하게 되었다.

때론 상대가 기존의 관념으로 나를 대할 때 과감하게 치고 나가야 할 때가 있다. 반대로 나의 기운을 수축시키고 상대방의 말에 귀를 기울여야 할 때도 있다. 이 모든 것은 '분별력'에 의해 좌우되고 분별력은 끊임없이 나의 처신에 옳고 그름의 지표로 다가왔다. 이에 나는 올바른 분별력이 무엇인지 고뇌하기 시작하였다. 나의 개성과 강한 성격이 올바른 분별력에 지속적인 악영향을 주고 있었기 때문이다.

올바른 분별력이란, 나도 좋고 상대도 좋아야 하는 바른 일처리를 뜻한다. 즉 상생(相生)을 뜻하는데, 우리 인간사의 모든 영역에서 무리 없이 에너지가 흐르려면 서로 생해야 하는 선택과 결정을 해야 한다.

나의 욕심을 제어하면서 상대를 들여다보는 것이 얼마나 중요한 일인지를 알아야 하고, 때론 강하게 나의 생각을 밀어붙이면서 상대 생각의 틀을 깨야 할 때도 있다는 것을 깨달았다.

잘못된 생각과 판단은 자기 자신을 해한다. 나는 내가 체험하고 이해한 부분들을 언젠가 20, 30대 젊은 친구들에게 알려주고 싶은 마음이 있었고, 그 마음의 근저에는 젊은이들이 카르마로 인해 헤매지 않았으면 하는 안타까움이 깔려 있다. 이에 이 책을 저술하게 되었고 사람들에게 조금이나마 도움이 되었으면 한다.

CONTENTS

CONTENTS

나는 왜 이렇게 태어났을까?

이번 생에 좋은 환경에서 태어난 사람이 있는가 하면 반대로 나쁜 환경에서 태어난 사람이 있다. 이것을 쉬운 말로 표현하자면, 타고난 '복(福)'이라고도 하고, 타고난 '운명'이라고도 하며, 더 정교하게 들어가면, 윤회 차원에서 프로그램화된 업력(業力)이라고도 표현할 수 있다. 자신의 행위가 누적되어 데이터화 되고 그에 맞는 카르마가 설정되어 탄생하게 되는 것이다.

태어나 보니 자신의 환경이 가혹한 사람들이 많다. 환경이 좋지 않다는 것의 대표적인 예는 가정불화, 가난, 부모 이혼, 학교와 무리에서의 왕따, 폭력노출 등이다. 가혹한 환경에서 태어난 사람은 남들보다 기본 출발부터 불리하고, 그 환경을 견뎌내지 못할 때 무너져 버린다.

사람이 무너질 때는 인간관계와 재정적 상황, 그리고 정신적 상태가 순차적으로 붕괴되면서 절망을 하게 되는데, 이 절망이 바로 이번 생에 자신이 겪어야 할 '카르마'이며, 극복해야 할 자신만의 숙제이다.

타고난 환경이 나쁜 사람들은 자신들이 겪어야 하고 극복해야 할 카르마의 에너지 질량이 크다는 사실을 이해해야 한다.

자신이 감당해야 할 환경이 너무 가혹하여 어린 청소년기와 젊은 시절 세상을 저주하고, 부모를 원망하며 형제를 미워하고, 주변을 향한 불만이 가득 찬 사람일수록, 자신의 불행한 환경에서 절대 빠져나오지 못한다는 사실을 알아야 한다.

이번 생에 세팅된 환경은 실은 자신이 만든 것이다. 이것은 자신의 이전 생의 활동과 연결되어 있다. 태어나보니 나의 부모가 가난하고 집안이 볼품없다면 그것은 당신의 에너지 레벨과 급수에 맞게 정확히 세팅된 것이니, 부모를 원망하고 세상을 원망할 필요가 없다.

이 세상의 모든 에너지 움직임(인간탄생 포함)은 오차 없이 돌아간다. 예를 들어 당신이 부잣집에 태어날 요인이 없으면 부잣집에 태어날 수 없다. 지금 나의 처지는 모든 생(生)의 총합이자 결과물이다.

우리 모두는 차원계에서 지구 인간 몸으로 입식이 되기 전, 출생날짜와 시간을 정하고, 부모를 정하며, 본인이 이전까지 지구에서 살아온 모든 행위에 대한 총합의 에너지 정보와 수준에 따라 자신의 운명이 세팅된다. 그다음 육신에 영혼이 입식하여 탄생을 하게 된다. 이 과정은 하나의 프로그램으로 이해하면 된다.

이러한 과정 속에는 일체의 오차도 허용되지 않고, 정확하게 자신이 체험하고 느끼고 깨달은 에너지 크기만큼 자신의 운명이 자동 세팅이 되기 때문에 현재 자신의 환경을 부정하는 자체가 어리석은 일이다.

태어나 보니 부모가 가난하고 가정에 문제가 많고, 가족들의 급수는 떨어지고 본인은 이런 상황이 너무 싫고, 남들과는 훨씬 뒤처진 출발선에 서는 느낌과 절망감에 분노하는 사람이 있다면, 그것은 당신이 태어나기 전, 이미 당신이 만들고 나온 환경이지, 당신의 부모가 당신에게 물려준 유무형의 유산이 아니다.

당신은 당신 스스로 만든 환경에 가장 적합한 부모를 찾아 들어온 것이므로, 부모 탓을 할 이유가 없다. 당신과 당신 부모는 같은 에너지 준위의 급수이며, 비슷한 급수끼리 전생의 인연에 따라 '혈연'이라는 이름으로 모인 것이니, 아래의 말은 인간 탄생의 인과적 측면에서 보면 하지 않는 것이 옳다.

왜 날 낳으셨습니까?
왜 우리 집은 이 모양 이 꼴입니까?
왜 당신들은 나를 이해하지 않고, 평생 동안 고집을 부립니까?
왜 우리 집은 이렇게 가난합니까?
왜 당신들은 무능력합니까?
왜 당신들은 우아하지 않고 품위도 없으며 저급합니까?

당신 부모님의 처지는 이번 생에 타고난 당신의 에너지 값을 나타내는 지표 중 하나이다. 자신의 에너지 급수를 보려면 자신의 환경과 부모, 가정 상황, 당신이 겪었던 아픔 등을 살펴보면 된다. 이 모든 것은 자신만의 카르마로 응집되어 나타난다.

따라서 이번 생에 태어날 때부터 만들어진 자신의 환경은 직전 생까지 살았던 당신 인생의 '총합'임을 알아야 한다. 자신이 어떻게 살아왔느냐의 결과 값에 의해 출발선의 환경이 세팅되어 태어나는 것이니, 현재 자신의 처지가 불행하다면 그것은 부모 탓이 아니요, 남 탓도 아닌 바로 당신의 모든 행위에 대한 결과 값이다.

급이 낮은 계급군을 위한 삶의 지표 ①

'나의 부모는 왜 저 모양일까?'

급이 낮은 사람들을 파악할 때 기본적으로 살펴보아야 할 것은 부모의 지적 수준, 부모의 재정상태, 부모의 어릴 적 가정환경이다. 여기서 주의 깊게 살펴야 할 것은 바로 부모의 지적 수준이다.

가난은 부모의 지적 수준(마인드)만 좋으면 크게 문제가 되지 않는다. 얼마든지 일어설 수 있기 때문이다. 간혹 일부 사람들 중 자기 집안의 가난함을 치욕적으로, 혹은 자존심이 상하는 일로 느끼고 부끄럽게 생각하는 사람들도 있다. 그러나 당신의 급수가 낮기 때문에 가난한 부모를 찾아 들어온 것이니 부모 탓을 하지 마라!

부모의 지적 수준과 학력 수준은 조금 다른 차이가 있다. 지적 수준은 부모의 피 속에 들어있는 유전자(DNA)와 인성에 지배를 받는 경향이 크고, 학력 수준은 말 그대로 배운 지식을 말하며, 학력 수준이 인성과는 꼭 비례하지는 않는다.

우리가 흔히 말하는 인성은 '대물림'의 성격이 강하고, 이 대물림은 유전자(DNA)를 통해 이어진다. 혈통이 좋다는 것은 바로 이것을 의미한다. 따라서 자신의 급수를 파악할 때, 부모의 학력은 보조적인 참고

수단으로 판단하고, 반면 부모의 지적 수준, 즉 인성을 파악하면 본인과 가족의 급수를 어느 정도 알 수 있다.

자신이 안고 있는 환경이 너무 가혹하여 '나의 부모는 왜 저 모양일까?'라는 생각을 한 번쯤은 해본 사람들이 많을 것이다. 심지어 '왜 저를 낳았습니까?'라는 어이없는 자조까지 흘러나오고, 환경의 가혹함에 스스로 절망하는 젊은이들이 많다.

1) 왜 저를 낳았습니까?

부모가 당신을 낳은 것이 아니라, 당신이 당신 부모를 택하여 지구에 온 것이다. 절대 착각하면 안 된다. 부모는 단지 생물학적으로 출산하였을 뿐이고, 당신이라는 '영혼'이 부모에게 들어올 때는 당신이 당신에게 맞는 자리를 스스로 찾아들어 온 것이니 원망하지 마라.

부모가 당신을 강제적으로 낳았다고 착각하는 것은 생물학적 출산을 뜻하는 것이고, 영혼입식으로 부모에게 들어온 것은 바로 자신임을 알아야 한다. 비슷한 에너지는 서로 당기는 원리가 적용되어 당신 수준에 맞는, 딱 그만큼의 부모를 당신 스스로 찾아 들어온 것이니, 부모를 원망하지 말고 스스로 나아가야 할 방향이 무엇인지 깨닫는 것이 핵심이다.

2) 당신들은 왜 가난합니까?

나는 사람들에게 묻고 싶다.

"그러는 당신은 왜 가난한 부모 밑에 태어났습니까?"

가난한 부모가 임신하여 당신의 의사와 상관없이 당신을 강제적으로 출산한 것이 아니라, 부모는 임신이라는 생물학적 탄생의 환경을 만들어 놓았을 뿐이며, 부모를 선택한 것은 바로 자신이다. 바로 이때 영혼이라는 개념이 도입된다. 참고로 인간은 하나의 영체이다.

자신의 에너지가 지금 현재의 부모와 같은 에너지 준위이므로, 비슷한 부류가 오래전 인연의 고리로 이번 생에 부모-자식으로 연결되어 지구에 탄생한 것이다. 따라서 부모를 향해 "왜 당신들은 가난합니까?" 라는 원망 섞인 말 자체가 바로 자신을 향한 말이라는 것을 알아야 한다. 즉 부모와 자신이 비슷한 부류라는 것을 각인해야 한다. 부모가 인생을 실패했다면 당신은 인생을 성공해야 하는 숙명을 안고 있다.

정리하면 가난한 부모 밑에 태어난 자는 '그 가난을 벗어나라'는 운명의 숙제가 있다고 보면 된다. 이런 식의 접근이 자기 앞에 놓인 환경을 살펴보는 기본 원리이며, 가난이 아주 깊게 각인되어 또 다른 카르마를 움직인다.

멘탈이 약한 자가 가난한 집에 태어나면 그 가난으로 인해 2차적인 피해의식이 생기는 원리가 바로 이런 것이다. 가난이 자신의 의식을 지배하는 중심점이 되어 다양한 피해의식을 낳고 자신의 인성이 왜곡되어 형성되는 것을 의미한다. 물론 가난에 노출되어 태어난 사람들은 이런 것들을 뛰어넘으라고 '가난'이라는 환경이 주어진 것이며, 그 가난조차 자신의 영혼이 알고 들어온 것임을 이해해야 한다.

또한 가난은 사람을 이동시키는 작용을 하기도 한다. 돈을 벌려고 이

역만리로 이동하는 것이 좋은 예이다. 한국 내에서 일하고 있는 가난한 외국인 노동자들은 보다 많은 돈을 벌기 위해 한국까지 이동해 들어왔다. 이처럼 어릴 적 자신을 지배하고 있는 환경은 사람의 진로를 상당 부분 결정하는 경우가 많다.

인간이 지구에 태어나면, 이전 생과는 다르게 보다 발전된 현 생이라는 삶을 살게 되는데 오래전 살았던 전생의 기억은 자동 삭제된다. 따라서 이전 생의 기억은 삭제되어 태어난다. 자신의 부모를 선택하게 된 이유조차 삭제되어 태어나기 때문에 부모가 나를 선택해서 낳았다고 착각하게끔 만드는 것이 바로 이 지구이다. 인연과 전생의 정보를 몰라야 3차원 인간계의 룰은 진행된다.

3) 가난한 것은 둘째 치고, 왜 저를 이렇게 못생기게 만들었습니까?

같은 기운은 서로 당긴다.
비슷한 기운은 서로 뭉친다.

자신의 외모가 못생겼다면 부모 또한 인물이 좋을 확률은 낮다. 인물 없는 부모의 기운에 맞추어 당신이라는 영혼이 태어난 것이다. 지구로 영혼입식 하기 전에 당신의 에너지 수준이 바르고 좋았다면 인물 좋고 기운이 탄탄한 부모를 찾아 들어오게 된다. 자신의 에너지 상태에 맞게 세팅되고 프로그램 되는 이치이다.

부모의 인물 없음을 원망하지 말고, 자신의 인물 없음을 원망하지 마라. 서로 에너지 준위가 똑같기 때문에 부모자식으로 만난 것이다. 외모에 자신이 없다면 자신의 일에서 실력을 키워 사회적으로 인정을 받거나, 아니면 돈 벌어서 성형하는 것도 하나의 방법이다. 단 전제조건이 있다. 마인드도 바뀌어야 한다.

4) 당신들은 왜 그렇게 무식합니까?

그럼 본인이 유식해지면 된다. 무식한 부모를 보고 처절하게 깨닫고 유식해져라. 당신 또한 전생에 한때 무식했기 때문에 지금의 무식한 부모 밑에 태어난 것인데, 자신이 무식했던 적은 모르고 현재 부모를 보고 무식하다고 한다면 과연 누가 무식한 것일까?

부모의 무식이 눈에 보이면 당신만이라도 그 무식에서 탈피해야 한다. 당신이 부모를 보고 무식하다고 느끼는 만큼 당신도 그만큼 무식하다. 부모는 당신의 거울이다. 자신이 처한 상황이 싫으면 노력을 해서 벗어나면 된다. 자신을 상승시켜 집안 수준을 끌어올리면 된다.

5) 당신들은 제가 어릴 때부터 왜 그렇게 싸우십니까? 그럴 거면 저를 낳지나 말지…

당신은 부모처럼 싸우지 말라는 시그널을 보여주고 있는 것이다. 당신이 결혼해서 당신 부모가 보여주었던 부부불화를 당신의 자식들에게는 보여줘서는 안 되는 책무가 있다는 것으로 이해하면 된다. 이 경우 부모 카르마를 가지고 있다고 표현한다.

부모의 불화는 이번 생에 당신이 체험해야 할 카르마가 배우자나 사람에게 배치되어 있다는 것을 암시하며, 상대방과의 에너지적 상생(相生)을 배우는 것이 탄생의 주요한 목적이다. 각자의 운명에는 카르마(業)가 있고, 카르마를 통해 자신의 의식을 상승시킬 수 있다. 카르마는 고통이 아니라 풀거나 해결하면 다음 단계로 상승하는 장치와도 같다.

부모가 어릴 적부터 자신에게 보여주는 부부불화는 상대방과 서로 상생하라는 표식이니, 당신은 행복한 결혼생활을 하라는 시그널로 받아들이면 된다. 한편으로 부모의 불화를 겪고 있는 당신의 고집이 얼마나 센가를 살펴볼 필요가 있다. 부부싸움은 서로의 고집과 상대방의 이해가 없기 때문에 일어나는 것이고, 이런 집안의 사람들치고 고집 세지 않은 사람이 없기 때문이다.

카르마의 상당 부분은 자신의 왜곡된 고집을 꺾기 위해 세팅되어 있다. 그 이유는 우리 모두 이 지구란 곳에서 '조화'와 '상생'을 체험하는 것이 목적이기 때문이다. 너무 거창한가? 그럼 일단 당신부터 애인, 배우자 등과 싸우지 마라. 싸우지 않는 법을 깨닫는 것은 싸워봐야 깨달을 수 있다. 따라서 부모 카르마를 타고 난 사람은 자신의 부모 불화를 직접 보고 체험해야만 싸우지 않는 법을 깨달을 수 있기 때문에 부부불화가 심한 부모 밑에 태어나는 것이다.

사람과 상생하는 법을 체험하기 위한 자는 태어날 때부터 기초환경을 가혹하게 준다. 자기 주변 사람들과 서로 조화를 이루어야 보다 높은 급수의 레벨로 올라갈 수 있는데, 자기 고집과 모난 성격으로 기본적인 상생이 어려우니 급이 낮게 태어나 바닥에서 부모의 가난과 불화를 보면서 자라도록 세팅되었다는 것을 이해해야 한다. 반면 좋은 집안에 말썽 많은 자식이 있다면 그 사람은 부모를 겨냥하여 태어난 사람이다.

급수가 높은 자는 생각의 유연성과 분별력이 좋고, 급수가 낮은 자는 감정체의 고집이 세다. 이런 이치로 급수가 높은 자는 매사에 가급적 이성적으로 판단하려 하고, 급수가 낮은 자는 감정적으로 판단하려고 한다. 급수가 낮은 자가 피해의식까지 발동되어 감정적으로 행동하면 최악의 상황을 맞이하게 된다.

급이 낮은 계급군을 위한 삶의 지표 ②

'이 사회에서 왜 나만 운이 없는 것일까?'

당신만 운(運)을 탈 줄 모르는 것이라고 얘기해주고 싶다. 운을 타는 원리를 모르니 본인만 운이 없어 보이는 것이다. 운을 탈 줄 모르는 것은 자신만의 시간과 때를 모르는 것과 같다. 사람마다 '타임존'이라는 것이 있다. 우리 인간의 운명은 상승과 하강의 운을 그리면서 전개된다.

상승과 하강은 에너지 순환의 기본 원리 중 하나이며, 에너지가 상승도 하강도 하지 않고 정체되는 구간도 있다. 주식으로 비유하자면, 주가가 박스권을 형성하는 것처럼 운(運)은 주식의 차트와도 유사하다. 주가의 향방과 운(運)의 향방은 에너지가 차거나 빠지거나 혹은 정체 유무에 따라 움직인다. 여기에서 말하는 에너지란, 사람의 총체적 기운을 의미한다. 기운이 꽉 찬 사람은 일의 성공확률이 높다.

당신이 운을 타지 못하고 하강할 때는 이것을 가늠할 수 있는 많은 지표들이 있다. 가장 대표적인 것이 당신 몸의 기운이 빠지고 주변과 트러블이 나면서 성격이 예민해진다. 제대로 풀지 못한 일처리가 스트레스로 쌓이면 에너지 순환이 되지 않아 몸과 마음이 무거워지면서 운이 서서히 하강하게 되는 원리이다. 이후 하는 일마다 엉망이 되고 사람들과 충돌이 빈번해지면서 분노가 쌓여간다. 분노가 차오르는 만큼 더욱더 비관적이고 비판적이면서 신경이 날카로운 사람으로 변모한다.

TV에 나오는 사람들 중 얼굴의 대칭이 비틀어진 사람들이 있는데, 바로 위와 같은 원리로 외모에 변형이 온다. '이 사회에서 왜 나만 운이 없는 것일까?'라는 소리가 당신 입에서 나오는 순간 자신을 점검하라는 시그널이다.

이 시그널을 읽지 못하고 가족과 자신의 환경을 탓하는 순간 이제부터 당신은 본격적인 에너지 하강에 접어들어 추락에 추락을 거듭하며 떨어지게 된다. 최악에는 병원에 입원하는 사태가 벌어지기도 한다. 이 모든 것은 당신이 가지고 온 카르마에 의해 발생한다.

카르마란 자신을 깨우쳐 주는 훌륭한 도구이자 스승이기도 한 셈인데, 어려움이 닥친 사람에게는 절망의 씨앗이기도 하며, 자조(自嘲)의 원인이기도 하다.

지구는 개개인의 모순을 카르마를 통해 자신을 깨닫게 만드는 교화소 내지는 교도소와 같은 곳이다. "이 좋은 세상! 이 아름다운 지구!"라는 소리는 심신이 편안한 사람들이 하는 말이겠지만, 카르마가 극심한 사람에게는 역으로 절망의 지구이다.

운을 탈 줄 모르는 사람은 반드시 자신의 카르마 구간을 알아야 한다. 자신의 카르마가 언제까지 이어지고 언제 끝이 나는지 큰 그림으로 확인해보는 것이 중요하다. 카르마가 극심한 구간에서는 자신이 아무리 노력해도 일이 풀리지 않는다.

일이 풀리지 않는다는 것은 자신의 에너지 흐름이 막혀있다는 것이고, 그 막힌 흐름을 푸는 것이 카르마를 해결하는 것이므로, 카르마를 중심으로 자신의 운이 하강할 때는 자신을 돌아보는 공부를 해야 한다. 이 공부가 완전하게 끝나야 운의 상승이 도래한다.

급수가 낮은 자는 카르마의 구간이 길고 정체되어있는 업력(業力)이 강하지만, 급수가 높은 자는 카르마의 구간이 짧은 경향이 있다. 결국 '팔자가 세다'라는 말은 당신이 못난 것이 아니라, 당신이 이번 생에 체험하고 공부해야 할 '카르마의 강도가 세다'라는 것을 뜻한다. 못난 사람은 좌절함과 동시에 침몰하는 사람이지, 팔자가 센 사람이 못난 것은 아니다. 팔자가 세다는 것은 자신이 겪고 이해해야 할 체험이 크고 깊다는 뜻이다.

급이 낮은 계급군을 위한 삶의 지표 ③

악순환의 원리

자신과 집안의 급이 낮은 사람들은 특히 카르마와 가난의 법칙이 어떻게 악순환이 되는지 알아야 한다. 사람이 가난을 겪을 때는 지금 나에게 다가온 환경이 무엇을 뜻하는지 이해해야 난국을 벗어날 수 있다.

"왜 하필 나만 이렇게 불행한가?"라고 한다면, 당신은 수많은 사람 중 현재 직면한 불행을 벗어나야 하는 체험의 카르마가 있다. 태어날 때부터 조건과 환경이 남들보다 가혹한 것이다.

우리 인간 영혼이 차원계에서 지구 입식이 결정되면 자신이 이전까지 살아온 모든 총합의 정보를 토대로 태어날 지역과 부모, 부모의 조건, 그리고 주변 환경이 설정되어 현재 자신의 부모 밑으로 태어나게 된다.

지구에 태어나고는 싶은데 가난한 집안, 가혹한 조건에서만 태어날 수 있는 기회만이 있을 경우, 차원계에서 그조차 좋다고 받아들이는 상황이 있다는 정도만 이해하면 된다. 보다 정확히 얘기하자면, 지구에 탄생하기 위한 일련의 과정들은 정밀하게 차원 간의 프로그램으로 움직여진다.

영혼이 인간 육신에 입식 되는 순간 차원계에서 프로그램 된 정보들은 삭제되어 전생도 기억하지 못하고, 차원계에서의 모든 활동과 기억은 잊어버리게 된다. 이전의 정보와 기억을 잊어야 지구에 태어난 직후부터 새롭게 프로그래밍 된 이번 삶을 자신에게 주어진 진짜 자신의 환경인 줄 착각하며, 이번 생의 운명을 숙명으로 받아들이게 된다.

직전 생까지 메모리 된 정보들을 인간이 알면 지구에서 카르마가 움직여지지 않는다. 가령 '다음 생도 있으니 이번 생은 내 마음대로 살다가 가겠다!'는 엉뚱한 짓을 하게 되므로, 이번에 태어난 것을 운명처럼 받아들이도록 이전의 기억은 삭제된다. 여러 번 태어나는 지구살이는 매번 새로워야 한다. 아니 새롭게 느껴지도록 유도해야 한다. 그래서 기억의 정보 삭제가 이루어지는 것이다.

부모가 가난하고 못 배우고 급이 떨어지는 집안에 태어난 사람들은 이번 생에 세팅된 자신의 환경(집안, 부모, 형제 등)이 누군가가 강제적으로 정해준 것이 아니라, 당신이 택하여 내려온 것이나 다름없다. 이번 생에 지구로 입식하여 들어오기 전, 당신이 태어날 수 있는 필요조건은 현재의 가난한 부모 밑에서만 태어날 수 있기 때문에 다른 선택의 여지가 없었다는 것을 알아야 한다.

태어날 때부터 환경이 좋지 않다는 것은 자신이 그 환경을 극복해야 한다는 표식과도 같다. 숙명이자 숙제이며 이번 생에서 그 환경을 극복하지 못하면 다음 생에는 지금보다 더 가혹한 환경에서 태어나 밑바닥에서 새로 다시 시작하게 되며, 가난과 카르마는 또다시 자식에게 대물림된다. 일종의 무한반복과도 같다. 따라서 이번 생에 자신이 처한 환경을 극복하고 의식진화와 자기발전을 이끌어 내야 한다.

급이 낮은 계급군을 위한 삶의 지표 ④

자신의 환경을 극복하는 방법

어떤 자에게는 지구에 태어난 것이 축복이고, 어떤 자에게는 악몽이다. 부자든 가난뱅이든 원론적인 측면에서 보자면, 지구에 태어난 것은 축복이다. 그러나 현실적 측면에서 보자면, 자신의 환경이 가혹한 사람과 가난뱅이에겐 악몽일 것이다. 인간은 자신의 에너지 질량만큼 자신의 주변 환경을 세팅하고 태어나는데, 급수가 떨어지는 사람들이 이 부분을 받아들이는 것은 어려운 일이다.

얼굴도 못생기고 집안이 가난하고 부모님의 수준도 떨어지고, 유치원부터 고등학교까지 잘 사는 친구들과 비교되고, 재능도 없고, 공부머리도 평균치에 머물거나 약간 떨어진다면, 자신의 에너지 크기만큼 설정되어 태어난다는 말에 반발심을 불러일으키게 된다.

지구란 곳이 바로 그런 곳이다. 지구에 태어나기 전 자신이 축적한 에너지와 정보, 인연법에 따라 자기 환경이 설정되는 원리를 모르다 보니, 이번 생에 자신의 환경을 보면 절망감이 드는 것이다. 그러나 당신이 처한 이 현실을 받아들이지 못하면 앞으로 미래는 어떻게 되겠는가? 바닥으로 더 추락하고 싶지 않다면, 지금 환경을 극복해야 한다.

자신의 운명에서 안 좋은 것을 피하는 방법은 존재하지 않는다. 안 좋은 것은 피하는 것이 아니라, 그 상황을 이해하고 극복하는 것이다. 체험을 통한 극복 외에는 방법이 없다. 앞서 얘기하지 않았는가? 지구란 원래 그런 곳이라고.

1) 카르마의 대물림

현실에서 가족과 자신의 환경을 탓하는 자가 결혼을 해서 자식을 낳으면, 당신이 젊었을 때 했던 행동(부모 탓, 남 탓 등)을 똑같이 반복해서 당신에게 불만을 표한다. 이것을 '대물림'이라고 하는데, 카르마의 대물림이다. 부모의 습관, 부모의 마인드, 부모의 지능수준을 그대로 닮는다.

공부 못하는 집안에서 계속 공부 못하는 자손이 나올 확률이 높고, 의사 집안에서 의사 나고, 박사 집안에서 박사가 연이어 나는 원리이다. 물론 의사 집안에서 계속 의사가 나오다가 이 가문의 운(運)이 어느 대에 내려가면 반드시 쇠락하는 때가 오는데, 그 직전까지는 계속해서 좋은 유전자의 자손들이 나온다고 보면 된다.

반대로 못 사는 집안에서는 계속 하락하다가 어느 대에 가면 위로 치고 올라가는 자손이 나오게 마련인데, 이 자손이 나오기 위해서는 여러 가지의 노력이 필요한데 다음과 같다.

– 남 탓하지 말고 자신의 환경을 최대한 극복해야 한다.
– 자신의 가문보다 머리 좋은 배우자를 얻어야 한다.
– 자신이 못생겼다면 자신보다는 인물 좋은 배우자를 얻어야 한다.

가난한 집안의 사람들은 일반적으로 공부 머리가 뛰어나지 못해 좋은 직업을 가질 확률이 현저하게 낮다. 이럴 경우 머리 좋은 배우자를 만나 유전적인 혼혈이 되면, 자식 대에는 머리가 좋은 자식이 나올 확률이 높다. 현재 자신의 집안이 공부 머리가 나쁘고 가난하다 하더라도 자신의 배우자가 자신보다 지적 수준과 급이 높을 경우, 3대 정도 내려가면 지능 좋은 자식을 낳을 수 있다.

이런 패턴들이 전체 인류의 지적 수준을 높이고 진화를 위한 지금까지의 인간결합의 행태이다. 급이 낮은 부류가 자신들보다 급이 높은 부류와 결합하면서 그 후손은 평균치 이상의 자손이 나오게 되고, 급이 낮은 가문은 급수를 조금씩 끌어올리게 된다.

급수가 높은 자는 급이 낮은 자와 결합할 때 상당 부분 많은 에너지를 급이 낮은 가문 쪽에 내어줘야 한다. 잘사는 집이 가난한 집과 혼사를 맺기 싫어하는 본능적 이유이기도 한데 그럼에도 불구하고 '인연법'으로 인해 급수 낮은 자를 만나는 일은 지금도 빈번하다. 급수 차이가 나는 커플들은 전생의 연이 강하고, 만날 인연이 만난 것으로 이해하면 된다. 갚아야 할 빚이 있기 때문에 신분과 급수 차이를 극복하는 커플들이 발생하는 원리이다.

급 낮은 자가 자신보다 높은 급을 만나려면 자신의 운명을 탓하고 남 탓을 하는 한, 절대로 급 높은 자를 배우자로 만날 수 없다. 자신보다 급이 높은 배우자가 바보가 아닌 이상, 매사 부정적인 인간을 배우자로 받아들일 리는 없다. 최소한 어느 정도 자신의 운명을 극복하려 애쓰고 노력해야 자신보다 조금이라도 급이 높은 배우자가 끌려 들어오는 것이다.

급 높은 배우자가 끌려 들어와 결혼하는 순간, 급 낮은 집안의 온갖 모순과 치부들이 다 드러나는 경험을 하게 된다. 요즘은 마음에 들지 않으면 바로 이혼하는 시대라서 이래저래 급이 낮은 자들이 처신을 제대로 하기가 어려운 세상이기도 하다. 시대가 흐르면 흐를수록 상급은 상급끼리 혼인하려는 추세가 강하기 때문이다.

자신과 자신의 집안보다 급이 조금이라도 높은 배우자를 얻고자 한다면 피해의식을 버리고, 남 탓, 신세 탓하지 말고 정신 차려서 열심히 살아야 한다. 바닥까지 추락하여 지금보다 더 더러운 꼴을 겪고 싶거든 지금처럼 살아도 된다.

2) 지구 물질 시스템은 자신의 급수를 올려준다

자신의 처지가 불행하여도 지구 물질 시스템은 '인연'을 통해 결국 자식 대와 그 밑의 손자 대에서 언젠가는 급수를 끌어올려주게 되어있다. 조금이라도 자신보다 나은 배우자를 만나 더 뛰어난 자식을 얻으려는 것은 인간의 본능이다. 설령 본인은 배우자와 이혼하더라도 급이 높은 배우자로 인해 자식은 본인보다 우월해지므로, 큰 그림에서 보면 못난 사람이 서서히 평균치가 끌어올려지는 효과를 발휘한다. 물론 상당한 시간차를 두고 진행되는 일이기도 하다.

공부 머리가 뛰어나지 않아도 특정 부분에 재능이 있고, 외모가 뛰어나면 부와 인기를 얻을 수 있는 곳이 바로 지구이다. 유전자 중에 외모가 뛰어날 경우, 집안환경이 좋지 않더라도 위로 치고 올라갈 수 있는 요인이 된다.

흔히 TV에서 연예인이 나올 때, 어머니가 인물이 좋고 아버지가 인물이 없는 경우, 반대로 아버지가 인물이 좋고 어머니가 인물이 없는 연예인들을 자주 볼 수 있다. 이 경우 부모 중 한쪽의 외모 유전자가 우월하여 인물 좋은 자식을 낳게 된 것이다.

또한 외모는 아주 좋은데 지적 수준이 떨어지고 머리가 텅 빈 사람의 경우, 그의 집안사람들도 전체적인 지적 수준이 떨어지는 경우가 많다. 그러나 이 경우 머리가 나빠도 외모가 뛰어나기 때문에 반반한 얼굴을 보고 들어오는 배우자는 반드시 있게 마련이다.

질량 높은 머리 좋은 배우자가 들어옴으로써 반반한 외모 유전자와 높은 지적수준의 유전자 결합으로 그 자식들은 기본바탕이 좋은 아이들이 나오게 된다. 이 모든 것은 인연을 통해 이루어지고 우리가 사는 이 지구가 허술한듯해도 꾸준히 전체 평균치와 균형을 위해 에너지가 돌아간다.

3) 자신의 환경을 극복하지 못하면 사회의 희생양이 된다

자신의 미래에서 다가오는 것 중 안 좋은 것은 피할 수 있냐고 묻는다면 “안 좋은 것은 피하는 것이 아니라 극복하는 것이다!”라고 말해주고 싶다. 미래에 자신에게 다가오는 안 좋은 상황을 피할 수 있을까? 다가오는 미래는 피할 수가 없다. 미래는 피하는 것이 아니라 극복하는 것이다.

위 말을 이해하려면 우리가 운명이라는 것이 어떻게 프로그램화되어 태어났는지, 최소한의 지식과 통찰력을 갖추고 있어야 한다. 한 가지 예를 들어보면 다음과 같다. 살면서 자영업을 하거나 사업을 하는 경우, 사람에게 사기를 당해 뒤통수를 맞는 경우가 많다. 상대가 사기를 치려고 들어올 때 자신의 분별력이 떨어지면 사기를 피할 수가 없다. 상대가 트릭을 쓰고 들어올 경우 트릭을 써서 통할만한 사람에게 들어오는 것이지, 통하지 않을 사람에게는 절대 들어오지 않는다.

당신이 사기를 당할 만큼 아둔하기 때문에 트릭을 쓰는 자가 당신에게 온 것으로 사기꾼을 불러들인 것은 바로 자신이다. 허술하면 상대가 치고 들어오는데 자기관리를 탄탄하게 잘해야만 하는 곳이 지구이다.

한번 남에게 당하고 난 뒤 자신의 무엇이 문제였는지 깨닫는 순간, 그다음부터는 절대 트릭에 넘어가지 않게 된다. 그러나 한번 당하고도 정신을 못 차리면, 2차 트릭이 또 다른 사람을 통해 다가오고, 2차 트릭을 당하고도 정신을 못 차리면, 3차 트릭이 들어오면서 당신을 완전히 거지로 만든다.

자신의 급수가 떨어지고 환경이 안 좋은 자는 지금 현재 환경이 자신에게 주는 시그널이 무엇인지 깨달아야 이 환경이 주는 트릭에서 벗어날 수 있다. 자신이 아둔하기 때문에 계속되는 가난과 난관을 주는 거라고는 생각해본 적 없는가?

가난이 계속 지속되고 어려운 상황에 직면하는 사람들은 처신을 바르게 하지 못하면 사회의 희생양이 된다. "저렇게 살면 저 꼴 난다!"고 사람들에게 보여주는 희생양으로 전락하기 쉬우니, 자신의 문제점과 카르마를 알아차려 벗어나려고 노력해야 한다. 노력하는 순간 최소한 자신보다는 조금이라도 급수 높은 사람을 만나 인연을 이어갈 수도 있고, 이것이 2대, 3대, 4대로 거치면서 본인 집안의 급수를 서서히 올려 놓는 방법이다.

4) 최하 급수와 최고 급수는 고집이 세다

혹시 주변에 가난한 사람들의 공통점을 살펴본 적이 있는가? 이들의 공통점은 고집이 세다는 것이다. 최고위와 최하위 계급군은 에너지 법칙상, 위아래 양극단에 있기 때문에 자기 자력이 무척 세다. 이것은 고집으로 드러난다.

최고위의 계급도 망할 때는 고집으로 무너지고, 최하위 아래 계급도 가난이 지속될 때는 고집 때문에 가난에서 벗어나지 못한다. 고집은 외부환경에서 들어오는 정보들을 밀어내는 특징이 있다. 그래서 고집 센 사람들은 다른 이의 말을 잘 듣지 않는다.

현재 자신의 처지가 열악한 젊은이들이 많다. 이들 중 세상에 대해 회의적이고 염세적이고 고집스러운 사람들이 있다. 좋은 교육을 받은 골드칼라와 화이트칼라의 자식들은 대체로 수용성이 좋지만, 블루칼라 중에서도 최하급 계층군의 자식들은 단순할 뿐만 아니라 수용성이 좋지 못하고 고집 또한 세다. 단순하다는 것은 생각이 없거나 생각 자체가 짧다는 의미이다. 이럴 경우 그 부모 또한 상당한 고집을 가지고 있는데 환경개선이 안 되는 이유가 외부정보를 차단하는 고집에 있다는 것을 알아야 한다. 이들은 남의 조언을 전혀 듣지 않는다.

태어날 때부터 환경이 가혹하고 버겁다는 것이 얼마나 힘든 일인지 잘 알지만 그럼에도 불구하고 생각을 달리하고 좋은 마인드를 장착해야 한다. 결국 얼마나 외부정보를 잘 받아들이고 그 정보를 통해 자신을 조금씩 변화시키느냐에 달린 문제이다.

급이 낮은 계급군을 위한 삶의 지표 ⑤

에너지 순환이 안 되면 자신의 몸을 친다

급이 낮은 사람들을 위해 글을 쓰는 것은 상당히 까다롭다. 하위 30% 계층은 이 사회에 말이 아닌 직접적인 행동을 요구한다. 다만 이 글을 읽는 사람들 중 자신이 하위 30%에 속하지는 않는지 살펴볼 필요가 있다. 이것을 확인하는 방법은 간단하다. 이 글을 읽고 비판적이고 비난적이면 당신은 하위 30%에 해당한다고 보면 된다.

자신의 카르마를 해결하지 못하고 남 탓하는 자는 에너지와 얼굴에 변형이 온다. 흔히 말하는 팔자가 사나운 사람은 하는 일마다 풀리지도 않고 고집도 세다. 고집이 있으면서도 은근히 귀까지 얇아서 평생 남에게 당하는 사람도 있다.

하위층이든 상위층이든 간에 팔자가 센 사람들의 공통점은 다음과 같다. 일이 풀리지 않으면 에너지가 적체되고 꼬여 몸이 아파온다는 사실이다. 자신의 뜻대로 주변이 움직여지지 않으면, 자기 안에서 1차적으로 감정 에너지가 충돌 나고 심하면 곧바로 몸이 아파온다. 또한 급수가 낮은 자들은 자신감과 자존감의 결여로 대인관계에서 어려움을 겪고, 이것이 자기 붕괴로 이어진다. 어디 가서 상담을 받아본들 소용없다.

이런 사람들의 특징은 끊임없이 주변의 에너지를 당기려고 한다. 여기저기 기웃거리면서 정보를 묻고 상대가 답해주어도 여전히 배가 고픈 특징이 있다.

남이 조언해주면 듣는 당시에는 받아들이는 시늉을 하지만 돌아서면 딴 곳에 가서 또 다른 사람을 붙잡고 에너지를 구걸한다. 그 사람에게서도 조언을 들은 뒤 다시 돌아서면 또다시 잊어버리고, 거리를 떠도는 귀(鬼)처럼 헤매게 된다. 이것이 더 과도해지면 사람들과 친구들 눈 밖에 나게 된다. 더 이상 남들이 당신을 상대해 주지 않는다. 남들이 나를 상대해 주지 않는 지경에 이르면, 정확히 몸에 이상이 오게 된다. 우울증, 조울증, 대인기피, 불면증 등이 대표적인 사례이다.

남들이 나를 상대해 주지 않을 때 정확히 몸에 이상 신호가 온다는 것을 꼭 기억해두면 좋다. 문제는 이런 자들은 하나같이 고집이 세어서 끝까지 남 말을 듣지 않는다.

현재의 상황과 맞지 않는 고집을 부리면 에너지가 역행하여 자신의 몸을 친다. 이 지경까지 이르면 바로 얼굴부터 이상이 오기 시작하는데 맨 먼저 얼굴의 변형을 일으킨다. 가령 얼굴색이 어두워지거나 입꼬리가 좌우로 삐뚤어지거나 동시에 턱이 비대칭으로 변형이 일어나는 것이 좋은 예이다.

그다음은 눈빛이 상하게 된다. 눈빛까지 상했다면 건강은 좋지 않다는 표식이다. 여기까지 사람을 직접 볼 때 상대를 관찰하는 1차적인 방법이다. 좀 더 쉽게 설명하면 다음과 같다.

① 얼굴을 유심히 살핀다.

② 성격과 성품을 살핀다.

③ 성격과 성품은 그 사람의 언행으로 살핀다.

④ 그 사람의 체취를 맡는다.

⑤ 그 사람의 의식이 들떠 있는지 확인한다. (불안정하고 흥분된 상태인지를 확인한다)

⑥ 이후 다시 얼굴을 유심히 살핀다.

⑦ 남자든 여자든 가리지 않고 색기가 있는지 살펴본다. (타고 난 색기도 있지만, 사념체 기운입식(접신·빙의)으로 생긴 색기도 상당히 많다.)

⑧ 얼굴에 분노와 폭력성이 있는지 살펴본다.
(내파형 분노는 자신을 치면서 병이 들어오고, 외파형 분노는 폭력성으로 나온다)

⑨ 눈빛에 열이 많은지 살펴본다. (눈에 열이 많으면 한(恨)이 있다.)

⑩ 눈빛에 신기가 있는지 살펴본다.

⑪ 과도한 비만인지 살펴본다.

⑫ 걸음걸이를 본다. 한쪽 어깨가 과도하게 처지거나 걸음걸이가 불안정하고 한쪽 다리를 휘게 걷는 경우, 몸의 밸런스가 무너진 경우이다.

하위계층으로 내려갈수록 의식이 불안정하기 때문에 자기 집안의 기운과 외부 기운의 영향에 많이 노출되어 있는 경우가 많다. 이 경우 초기적인 현상, 사념체 입식이 일어나는 경우가 꽤 있다.

이들은 자존감이 무너질 때 자신의 고유 파장대도 무너지면서 일시적인 트랜스가 걸려 외부기운에 강한 영향을 받게 된다.

이 경우 혼자서 횡설수설하는 것이 대표적인 예이고, 초조 불안, 남들이 나를 어떻게 생각할까? 라는 자기 분열적 사고를 하게 된다. 하위 30%에 속하는 사람들에 대해 언급하는 것은 까다로운 문제이다. 이들에게 "무조건 힘을 내라!" 혹은 "할 수 있다!"고 이야기하는 것은 사실 무책임한 말이기도 하다. 문제의 근원을 살펴야 해결이 가능하다. 교육 외엔 방법이 없다.

20~30대 젊은이가 일이 안 풀릴 경우 집안 카르마에 묶여있는 경우가 상당히 많다. 부모와 자주 충돌을 일으키는 사람은 원인이 자신에게 있는 것이 아니라, 그 원인의 상당 부분은 부모에게 있을 확률이 높다. 부모가 풀지 못한 카르마가 자신을 타고 내려와 충돌이 나는 것이다. 따라서 너무 자신을 자책할 필요는 없다.

분명한 것은 자신의 뜻대로 인생이 풀리지 않으니 인상을 쓰게 되고 스트레스는 가중되며, 종국에는 에너지가 순환되지 않으면서 그 에너지가 안으로 적체되어 몸에 병이 오는 것이다. 이런 이유로 얼굴부터 변형이 시작되고 그와 동시에 초롱초롱하던 눈빛도 잃게 된다. 이후 대인기피도 심해지기 시작한다.

또한 길을 가다가 혼잣말로 중얼거리게 된다. 이 경우 빙의 초기라 보면 된다. 카르마가 세고 급수가 낮은 자들에게 이런 현상이 두드러진다. 중산층이나 부자로 잘 나가다가 어느 순간 욕심으로 망해서 바닥으로 내려온 사람들도 위의 증상들이 많다.

가끔씩 TV에 출연한 사람들이 위의 증상을 보이면 현재 인생의 내리막을 타고 있다고 분별하면 무리가 없다. 에너지(기운) 이야기는 가급적 하지 않으려고 했으나, 계급군의 최상위층도 마찬가지지만 최하위층은 조언을 해주면 조언을 제대로 흡수하지 못하는 경향이 있기 때문에 에너지 차원의 이야기를 섞어서 설명하고 있다. 그 이유는 급이 낮은 사람들은 최상위 물질부자처럼 눈에 보이는 것만 믿는 특징이 있기 때문이다.

수용성은 중간계층이 가장 좋다. 급수가 떨어지는 사람들도 의무 교육을 받기 때문에 지식과 의식수준은 농경사회인 조선시대보다는 높아졌다. 자기 인생과 세상에 불만이 많다면 생각하는 힘을 길렀으면 하는 바람이 있다. 생각한다는 것은 자기 앞에 놓인 문제들을 분별하고 정리하는 힘이다. 생각의 힘은 의외로 매우 크다.

급수를 끌어올리는 방법 ①

부모를 위해 살지 말고 자신을 위해 살아야 한다

이번 글은 처지가 불행하고 급수가 낮은 젊은이들을 위한 글이다.

1) 집을 살 생각은 하지 마라!

자신이 급수가 떨어진다고 생각이 든다면 집을 살 생각은 해선 안 된다. 먼 미래에 직장을 다녀도 당장 집 살 생각을 해선 안 된다. 집보다 당신의 '질량'을 끌어올릴 생각을 해야 한다. 여기서 말하는 질량이란 당신의 총체적인 수준을 뜻한다.

당신이 가난하고 학력이 그리 좋지 않은데 월수입의 70%를 대출까지 받아 집을 구입하는 데 쓰면 당신은 어떻게 될까? 한마디로 표현하면 "거지생활을 해야 한다!"

현시대를 사는 인간은 안 입고 안 쓰면 발전을 할 수 없다. 돈이라는 것은 물질 에너지이며 돈 에너지를 어떻게 활용하느냐에 따라 당신의 에너지 질량이 결정된다. 당신은 급수가 떨어지기 때문에 월수입 자체도 그리 높지 않다. 월수입이 높지 않다는 것은 돈의 가용범위가 현저하게 좁아진다는 것을 뜻하고, 이 적은 돈을 어떻게 활용하느냐에 집중해야 당신의 수준이 높아진다. 급수가 떨어지는 사람이 적은 월수입으로 대출까지 끼고 집 장만을 하려고 결심하는 순간, 당신의 에너지 중 과연 몇 퍼센트가 당신의 레벨업을 위해 쓰일 수 있는지 살펴봐야 한다.

버는 돈의 70% 이상을 집 장만에 투입하면 생활비는 모자라게 되고, 현금이 없어 리볼빙을 돌리게 되는 순간, 당신은 영원한 리볼빙 인생이 된다. 바로 이것이 현대판 노예이다. 집은 먼저 자신의 에너지를 평균치 수준까지 끌어올리고 난 후 구입해도 늦지 않다.

2) 사회 탓하지 말고 머리를 써라!

다른 것을 포기하고 얻은 내 명의의 집이 나의 수준을 완벽하게 올려주지는 못한다. 자신이 처한 상황이 어려울 때는 철저하게 머리를 써야 한다. 머리는 쓰라고 있는 것이지 절망하라고 있는 것은 아니다. 지금 사회가 진화되어가는 양상을 보면, 거주형태는 미래에 바뀔 수밖에 없다. 이것은 가까운 미래의 대세이며 그 누군가는 시스템을 바꿀 수밖에 없다.

따라서 내 명의의 집이 없는 젊은이들은 월세나 반전세로 살고 나머지 돈은 당신을 위해 쓰는 것이 이롭다. 당신의 질량을 높이는 것이라면 돈을 아낌없이 당신에게 투자하는 것이 옳다. 이 사회가 망하지 않으려면 머지않은 미래에는 국가가 사회 시스템적으로 개개인에게 지원하는 체계가 분명 업그레이드가 될 것이니, 걱정 말고 당신을 위해 살아야 한다. 육아 시스템도 앞으로는 국가가 '공동양육'을 할 수밖에 없는 흐름으로 전개된다.

이에 현재 가난한 젊은이들은 자신을 위해 살아야 하고, 자신의 실력과 지적 수준을 끌어올리는 데 돈을 쓸 필요가 있다. 적은 월급으로 대출을 받고 주택구입과 같은 큰 금액이 들어가는 자산의 획득은 그만큼 큰 에너지가 투입되므로, 자기 계발을 위한 다른 분야의 돈 투입이 어렵기 때문에 자신을 위한 발전은 포기하게 된다. 버는 돈과 들어오는 에너지가 한정되어 있는데 돈 에너지를 어떻게 쓰느냐에 따라 인생 중후반의 결과를 좌우할 수 있다.

따라서 사회생활 초반과 결혼생활 시작부터 자신에게 들어오는 에너지를 집을 장만하는 데 투입하는 순간, 당신은 빠르게 발전하는 시대에서 도태되게 된다. 집을 장만하는 시대는 사실상 우리의 부모님 세대로 끝났다.

지금 젊은이들은 현 기성세대들처럼 잘 먹고 잘사는 것이 인생 목적이 아니라 "당신이 이 세상에 얼마나 빛나는 삶을 사느냐?"가 책무이다. 돈이란 자신을 개발하는 데 투입되어야 한다. 자신의 수준을 끌어올리는 데 도움이 될 만한 것들은 돈이 허락하는 범위 내에서 무조건 다 해보길 바란다.

직장이 좋지 못해도 월급이 적어도 주어진 환경에서 일단 열심히 일을 하고 당신에게 들어오는 돈 에너지의 한도 내에서 하고 싶은 대로 해라. 그리고 자신의 수준을 자신에게 맞는 방법으로 끌어올려라. 외국어 공부를 틈틈이 해두는 것도 수준을 올리는 데 도움이 된다. 외국어 공부가 싫으면 외국을 다녀오는 것도 나쁘지 않다. 외국을 한번 다녀오면 자연스럽게 외국어 공부를 하고 싶어진다. 지금까지 부모가 가난하여 외국을 못 갔다면 당신이 벌어서 당신 돈으로 직접 나가라.

무엇이든 관심 있는 분야에 돈을 써야 한다. 그것이 무엇이든 간에 당신의 수준을 끌어올릴 수 있는 배움에 돈을 써야 한다. 부모를 위해 살지 마라! 자신을 위해 살아라!

자신을 위해 사는 것이 곧 부모를 위해 사는 것이니 이것만이 자신의 급수를 높일 수 있는 가장 기본적인 핵심이다.

급수를 끌어올리는 방법 ②

자신의 급수를 단계적으로 끌어올려라!

가정형편이 어렵고 가족관계가 틀어진 사람들의 주요한 특징은 남을 탓한다는 점이다. 또한 급수가 낮은 부모는 자식들 보는 앞에서 자신들의 신세한탄을 하고, 부모의 부모, 즉 조부모를 탓하기도 한다. 당신들이 당신 부모(조부모)를 탓하니 자식들은 다시 당신들을 탓하고 불만과 불평의 대물림이 시작된다. 이런 패턴이 사회적 문제를 야기하는 근본 원인 중 하나이다.

어떤 자들은 더 나아가 사회가 공정치 못하다고 비난을 한다. 그러나 이 지구는 인간의식 수준에 비례하여 정확하게 돌아가고 있다. 에너지적 관점에서 철저하고 정확하게 움직이고 있으니 당신이 부정적인 언행을 하면 부정적인 에너지가 당신에게 당겨져 들어온다. 같은 에너지는 서로 당기는 원리이다.

'내가 간절히 원하면 이루어진다!' 과연 맞을까? 반은 맞고 반은 틀린 얘기다. 예를 들어 당신이 최하급수의 레벨인데 부자가 되길 원한다. 부자가 될 수 있을까? 부자가 될 가능성은 과연 얼마나 될까?

두 번째 예를 들어보자. 당신이 최하급수의 레벨인데 운명에 부자가 될 운이 없다면 부자가 될 수 있을까? 또한 부자가 될 가능성은 과연 얼마나 될까? 답은 부자가 걸어갔던 길을 열심히 따라가면 최소한 밥은 굶지 않고 어느 정도 윤택한 생활은 할 수 있다. 부자가 되고 안 되고는 당신 의지로 움직여지는 것이 아니라 타고난 운과 카르마에 의해 좌우된다. 자기 용량을 초과한 목표는 이루기가 어렵다.

급수 낮은 사람들의 특징 중 하나는 귀가 얇다는 것이다. 그래서 여기저기 좋은 얘기를 하는 곳이 있다면 가서 이야기를 듣는다. 급수가 낮은 사람들은 에너지 법칙을 모른다. 또한 급수 높은 사람들 중에서도 에너지 법칙을 잘 모르는 사람들이 있다. 그러나 급수가 높은 자는 그가 가지고 있는 에너지 자체가 좋기 때문에 크게 실수를 하지 않는다면, 의식을 높여가면서 현재의 에너지 상태를 계속 이어갈 수 있다. 문제는 급수가 낮은 사람들이다. 이 부류들은 목표설정을 할 줄 모른다.

에너지 레벨을 1부터 10까지 설정해보자. 1레벨은 최하, 10레벨은 최상급이다. 현재 당신의 에너지 상태(돈, 환경, 지적수준 등)가 최하급이고 레벨 1인데 레벨 7 이상의 부자가 되길 원한다. 가능할까? 답은 타고난 재물복이 많지 않은 이상 불가능하다!

부자는 재물이 자신을 따라다니고, 빈자는 재물을 쫓는다.

우리가 사는 이 지구와 지구가 포함된 태양계, 태양계가 포함된 은하계. 소우주와 대우주, 유한우주와 무한우주까지 법칙이란 것이 존재한다. 레벨 1인 자가 레벨 7로 상승하려면 반드시 레벨 2를 거쳐야 한다는 사실이다. 레벨 2는 다시 레벨 3을 거쳐야 하고, 3은 4로, 4는 5로, 5는 6으로, 6은 7로 단계를 거쳐야 레벨 1인 최하급수가 7로 상승할 수 있다.

따라서 현재 급수가 1인 낮은 자가 목표를 7로 잡는 순간, 그 목표는 이루어지지 않는다. 급수가 1이면 목표를 2로 잡아야 한다. 급수가 2이면 목표를 3으로 잡아야 한다. 이 원리는 의식상승의 윤회법칙에도 적용된다. 그런데 급수 낮은 자들이 목표를 잡을 때 욕심이 동해서 자신의 처한 상황과 에너지 상태를 무시하고 목표를 잡는다. 그러니 절대 이루어지지 않고 중간에 반드시 실패하게 된다.

당신이 가난하고 불행한 가정에서 태어난 목적과 이유는 바닥에서 한 계단씩 밟고 올라가라는 뜻이다. 부자와 가난한 당신의 차이가 무엇인 줄 아는가? 부자는 계획적이고 실행적이며 절제적인 환경 속에 놓여있고, 가난한 당신은 무계획, 무실행, 무절제의 환경 속에 놓여있다는 점이다. 이 말의 의미는 당신이 태어난 이유는 이전 생에 무계획적이었고, 무실행적이었고, 무절제적이었기 때문에 이번 생에 계획적이고, 실행적이고, 절제적인 것을 배우기 위해 가난한 환경에 태어났다는 사실로 해석하면 지금 당신이 처한 상황을 조금 이해하기가 쉬울 것이다.

가난을 탈피하는 방법은 계획적이고 실행적이고 절제적이어야만 가능하다. 그 외에는 방법이 없다. 부자는 노력, 성실성과 더불어 철저하게 재물운을 타고 나아간다. 인생이란 길을 가더라도 돈이 있는 곳을 따라 들어간다는 의미이다.

인간과 만물을 지배하고 있는 자연력은 정밀하다. 정밀하기 때문에 계획적이고, 실행적이고, 절제적으로 에너지 활동을 해야만 상승할 수 있다.

레벨 1인 자가 갑자기 7로 급상승하면 반드시 원점으로 추락하게 되어 있는데, 그 이유는 과정을 거치지 않았기 때문에 각 단계의 에너지가 차지 않아서이다. 1에서 7로 급상승하려면 배임, 횡령, 사기. 투기, 횡재 등의 방법을 써야 하는데, 이런 자들은 한동안은 잘 살지 몰라도 반드시 추락하게 되어있다. 욕심 때문에 중간단계 없이 급등했기 때문이다. 주식판에서 급등주들은 작전주일 가능성이 높은 것이 바로 이런 원리이다. 단계를 밟지 않고 작전과 꼼수를 이용한 급등을 노리면 반드시 당신을 끌어내린다.

따라서 급수 낮은 자들은 목표설정을 잘해야 하며, 가장 정확한 목표 설정은 현 단계보다 바로 한 단계 위를 설정하는 것이다. 내가 할 수 없는 에너지 영역을 당기면 다음과 같은 증상을 겪는다. 망상, 공상, 상상, 인지부조화, 착각 등과 같은 정신적 착란이다.

목표는 내가 할 수 있는 에너지 영역으로 설정해야 한다. 당신이 현재 에너지 레벨이 1이라면 노력하면 레벨 2는 올라갈 수 있다. 이것이 급수가 낮은 자들이 목표를 설정하는 방법이다. 차근차근 2, 3, 4, 5, 6, 7… 순서대로 밟아나가야 한다. 방금 말한 내용은 윤회 원리에도 적용되는 법칙이며 이 원리가 그대로 현실의 차원계에서도 적용된다.

다시 '남 탓하지 마라!'는 얘기는 지금 처한 상황과 급수를 애써 외면하지 말라는 뜻이다. 당신이 외면하는 순간 상승의 에너지를 탈 수가 없다!

남을 탓하고 원망하면 상승 에너지가 들어오지 않고 부정적인 하강 에너지가 당신에게 들어온다. 두 눈으로 보지 못하니 믿지 못하겠다고 얘기한다면 할 말이 없으나, 에너지 법칙을 얘기한 것이니 믿지 못하더라도 기억이라도 해두면 도움이 될 것이다. 누군가 시크릿을 얘기하면 위에 얘기한 단계별로 올라가는 원리임을 이해하라.

급수를 끌어올리는 방법 ③

이번 생만 보지 말고 멀리 훨씬 더 멀리 보아라

어떤 이는 인정하기 싫겠지만 물건과 상품에도 상급, 중급, 하급이 있듯이, 사람도 상급, 중급, 하급으로 나누어진다. 사람의 급이 나누어지는 근본적인 원인은 각자 가진 의식 수준의 차이 때문이다.

대한민국과 북한을 포함한 지구 모든 국가들이 계급사회임에도 인간은 평등하다는 주장을 하는 사람들이 있다. 인간은 평등한 것이 아니라 모두 존귀하다. 존귀한 존재이지만 무리 속에서는 수준 차에 따라 계급이 나뉘고, 위와 아래의 질서가 생긴다. 시대가 변해도 계급이 나뉘는 것은 변치 않는다.

상품과 함께 사람도 등급이 나누어진다는 것에는 아주 중요한 의미가 내포되어 있고, 그 의미는 '모든 인간들의 진화'라는 지구탄생의 목적이 있다.

이번 생에 태어나 살고 있는 사람들은 이번 생에 확인하지는 못하겠지만, 다시 윤회하여 태어나면 오늘날의 사회상황과는 더 진일보하게 발전된 사회를 보게 된다.

앞으로 300년 뒤에 태어난다고 가정하면, 지금부터 300년 뒤의 대한

민국과 지구는 어떤 모습을 보일 것이며, 소위 말하는 하위계층의 숫자는 얼마나 될까? 과학의 발전과 이로 인한 자유로운 정보 공유로 인해 인간의식 상승의 가속도는 하위계층의 숫자를 점점 줄어들게 만들 것으로 예측된다. 미래사회는 현재 하층들이 하는 일의 대부분을 로봇이 대체하게 된다.

지구에 태어나는 인간의 또 다른 탄생 목적에는 정화(淨化)가 있다. 무엇을 정화한단 말인가? 지구가 생기기 이전 우주에서 벌어졌던 모든 모순을 지구에 끌어들여와 정화하기 위해서이다.

우리가 겪고 있는 개인적 모순과 사회 국가적 모순 속에는 우주적 모순이 내재되어 있다. 우주에서 일어났던 모순적 상황을 해결하기 위해 지구라는 3차원의 별을 만들어 지구에 온갖 생물들을 탄생시키고, 동물 육신에 영(靈)을 입식하여 영혼의 인간을 탄생시킨 후, 인간을 통해 지구별에서 모든 우주적 모순을 재연하고, 지구별에서 그 모순을 정화하는 것, 이것이 우리 인간 탄생의 목적이다.

결국 우리 인간은 점진적으로 하위계층을 없애고, 모두가 최상위에 도달해나가면서 의식진화와 상승을 탄생 목적으로 두고 있다. 또한 시간이 지나면 지날수록 하위계층의 숫자는 줄어들고, 궁극에는 최하계층은 사라지는 보이지 않는 프로그램의 지배를 받고 있다.

빈곤과 트라우마, 모순을 해결해나가면서 완전한 의식진화를 이루어내는 것이 우리 인간의 임무이고, 다르게 표현하면 우리 모두는 의식상승을 지향하는 도인이 되어야 한다.

죽은 자의 한(恨)과 산 자의 소망이 결합되어 흐르는 물처럼 위와 아래의 에너지가 잘 흐르게 하는 것! 이것이 우리 인간이 갈 길이다. 현재 우리 사회에는 자신의 카르마와 환경 때문에 힘들고 고통스러운 사람들이 많다. 기본적으로 자신만의 문제는 스스로 풀어야 하지만, 사회가 발전할수록 간접적인 도움은 커질 것이 분명하다.

작은 생각에 머물지 말고 한 번쯤은 자신의 인생을 크게 살펴볼 필요가 있다. 이번 생이 전부가 아니다. 그러나 이번 생은 너무나 중요하다! 이번 생은 다음 생을 위한 발전이 되어야 하고, 이번 생에 최대한의 능력치를 발휘하여 물질적 상승과 정신적 상승을 해야 한다. 국가가 해준다는 생각도 하지 마라! 당신을 약하게 만드는 생각이다. 시간이 흐르면 사회 전반적으로 새로운 시스템을 만들어서 국가가 도움을 줄 것이나 그것조차 생각하지 마라!

사회와 국가가 지원을 해주어도 반드시 전제조건이 붙는다. '자립하려는 의지가 있는 자들만 지원해준다!' 이 원칙은 반드시 지켜져야 하고, 사회적 합의는 이루어질 것으로 본다. 의지를 가진 자에게만 기회가 오고 당신이 가진 그 의지가 좋은 인연과 기회를 부른다.

급수를 끌어올리는 방법 ④

상대의 말을 집중해서 들어라

사람은 영리할수록 상대가 하는 말에 대한 집중력이 좋다. 환경이 불우한 젊은이들을 보면 안타까운 점들이 있는데, 그중에서도 상대가 말하는 내용에 대한 이해력이 떨어지는 부분이다.

대화할 때, 상대가 이야기하는 내용을 집중력이 낮아 100% 흡수하지 못한다는 것이다. 어릴 적부터 불우한 환경이 심리적 압박으로 이어지고 불안, 초조 등의 파동대에 계속 노출되면 집중력 저하는 필연적으로 발생할 수밖에 없다.

집중력 저하는 대인관계에서의 장애를 가져오고, 그 장애는 대인기피로 이어진다. 이런 연유로 사회성과 적응력이 떨어져 사회생활에 어려움을 겪게 된다.

반면에 가난한 집에서 태어나 불우하게 자랐어도 직업적으로 성공하거나 중년 이후부터 잘 사는 사람들은 상대가 하는 말에 대한 집중력이 굉장히 좋다. 이런 경우, 집중력은 타고 난 것으로 본다. 사회적으로 잘 살고 못 살고는 집중력에 달려있다고 해도 과언이 아니다.

어릴 적 스트레스를 많이 받은 사람들은 대체로 산만하고 초조, 불안에 시달리다가 신체와 정신의 밸런스가 무너져 우울증과 조울증까지 겪는다. 요즘 젊은 사람들이 병을 달고 다니는 주된 원인이다. 심하면 스트레스를 풀기 위해 달고 기름진 음식을 많이 섭취하면서 비만에 시달리고, 정신적·육체적으로 서서히 망가지기 시작한다.

항상 상대의 말에 집중해야 한다. 급수가 떨어진다고 생각하는 젊은 이들은 먼저 귀를 기울이는 연습을 해라. 그리고 상대방이 하는 말에 집중해야 한다.

상대의 말에 귀를 기울이고 집중하는 것! 이것이 당신들의 멍 때리는 습관을 사라지게 해준다. 즉 건성으로 상대방의 말을 듣지 말라는 것이다. 들었는데도 이해가 안 되면 다시 물어보아라. 누군가와 대화를 할 때 이해가 잘 안 될 경우, 정중하게 다시 한 번 얘기해달라고 청해라. 그래도 이해가 안 되면 스스로 생각해보고 기회가 될 때 한 번 더 물어보아야 한다. 아울러 스스로 생각하고 분석하는 습관을 가져야만 한다.

자라면서 성장환경이 좋지 못한 사람은 상대적으로 트라우마와 피해의식이 많아 심리적 불안정이 많다. 그렇기 때문에 상대가 하는 말에 대한 집중력이 일반인보다 현저하게 떨어지고, 이런 친구들은 회사에 취직하거나 아르바이트를 하여도 일을 잘하지 못한다는 얘기를 많이 듣거나, 적응에 실패하여 쉽게 관두기도 한다.

따라서 당신들이 어디에 가든 혹은 어디에 취직하든 간에 처음부터 상대의 말에 집중해야 한다. 집중하려는 노력만 보이더라도 상대방에게 무시당하지는 않는다.

모르면 물어보아라!

설명이 어려우면 추가적으로 물어라!

상대가 짜증을 내면 정중하게 다시 물어라!

나중에는 설명하는 사람이 도저히 답답해서 안 되겠는지 의자를 가지고 와 앉아서 집중 있게 설명을 해준다. 한국 사람들의 특징이다. 어떤 곳에 취직해서 이와 같은 방법대로 하였는데 초반에 해고된다면 걱정하지 마라! 왜냐하면 당신도 그렇게 질문을 하는 과정에서 분명 느끼는 것이 있기 때문이다.

"아… 내가 상대방 말을 이해하는 능력이 떨어지는구나!" 자신의 문제점이 파악되면 고쳐야 하고 그 외 다른 방법은 없다. 그리고 다시 취직해라.

앞으로는 이해가 잘되지 않으면 그 자리에서 알 때까지 확실하게 물어라! 당신들은 이것이 부끄러울지 몰라도 설명해주는 사람 입장을 생각해본 적은 없을 것이다. 상대가 같은 질문을 이해가 안 된다고 여러 번 재차 묻는다면 설명해주는 사람은 어느 순간 짜증을 넘어서 당신을 주의 깊게 보기 시작한다.

그러니 알 때까지 물어라!

그리고 상대의 말에 집중해라!

처음에는 이렇게 시작하는 것이다. 그것이 직장이든 어디에서든 구분 없이 부끄럽다 생각하지 말고 물어야 한다.

쉽게
선동당하지 마라

사람이 자존감이 낮고 자신의 기운이 위축되어 있으면 자신보다 큰 기운에게 휘둘리게 된다. 에너지 원리상 작은 기운은 큰 기운을 만나면 위축되거나 흡수된다.

위의 말을 기억을 해두면 좋다. 대인관계에서의 가장 기본이 되는 핵심원리 중 하나이다. 자신보다 큰 기운을 만나면 당신의 에너지가 상대에게 흡수당할 수 있다는 것을 명심해야 한다.

물론 불행한 처지에 악만 남아 큰 기운에게 묻지도 따지지도 않고 달려드는 사람들도 있지만, 이것은 예외로 해둔다. 이런 사람들은 자신의 에너지를 어떻게 써야 하고 사람 사이에 오고 가는 기운의 원리에 관심이 없기 때문이다.

최상위 계급과 최하위 계급은 위와 아래의 양극단에 서 있는 자들이기 때문에 고집이 세서 쉽게 바뀌는 사람들이 아니다. 특히 자존감이 낮고 기운이 약한 자들은 은근히 고집이 세고, 남을 쉽게 믿지 않으면서도 어이없게 남을 쉽게 잘 믿는다. 이것의 원리는 무엇일까?

작은 기운은 큰 기운에 반응하게 되어있고, 작은 기운은 큰 기운을 만나면 끌려 들어가기 때문이다. 따라서 에너지가 약한 사람들은 '절대 안 속는다!'고 외치면서도 어느 순간 속임을 당하는 것이다.

당신보다 기운이 큰 사람이 약한 당신에게 트릭을 쓰면서 들어오면 당신은 순간 망설이게 된다. 상대는 당신이 망설이는 순간을 절대 놓치지 않는다! 망설이는 순간 다시 더 많은 에너지를 당신에게 집어넣는다. 긴가민가하다가 결국 상대의 트릭에 넘어가게 된다. 상대에게 넘어가는 순간에는 분별이란 존재하지 않는다. 오직 자신보다 큰 기운에 흡수되어 끌려 들어가기 때문이다.

그래서 힘없는 사람들과 사회적 지위가 낮은 사람들은 잘 당한다. 선동을 당하는 이유는 힘이 없기 때문이다. 힘이 있으면 여간해서는 당신을 선동하기가 어렵다.

반면 힘이 강한 상대를 선동하거나 현혹하려면 그 힘만큼 더 큰 힘을 쏟아야 한다. 사기꾼이 다가오더라도 힘이 있는 만큼 사기꾼도 그만큼의 에너지를 동원해야 하기 때문에, 당신이 힘이 세다면 사기꾼 입장에서는 벅찬 상대가 된다. 이 경우 당신보다 에너지가 더 강한 사기꾼이 들어와야 당신이 넘어가게 된다.

에너지가 강하다는 것은 기운이 강하다는 것을 뜻하고, 여기에서 말하는 에너지란 지식, 사고, 분별, 의식수준, 재물 등이 합해진 총합을 의미한다.

따라서 기운이 단단하고 분별력과 의식수준이 높으면 사기나 선동을 쉽게 당하지 않는다. 선동을 당한다는 것은 자신이 약하다는 것을 방증한다. 또한 역사적으로 선동은 본디 약자를 향한 정치적 퍼포먼스이기도 하다.

귀가 얇으면 남의 말이 나의 분별을 지배할 확률이 높다. 분별력과 지적 수준이 떨어지면 다른 사람이 나의 마음에 불을 지펴 나를 선동시킬 확률이 높다. 사기나 선동을 당한다는 것은 그 사람들에게 힘을 실어주는 행위라서 역으로 당신이 피해자가 아니라 가해자가 될 수 있고, 올바르지 못한 곳에 그나마 있는 힘과 의식을 실어주면 당신이 당할 확률이 높다.

따라서 상대가 하는 말을 분별하려면 내가 갖추는 수밖에 없고, 배우고 지적수준을 높여야 한다. 전체의식이 높아지는 방법은 모든 사람들의 평균 지적수준이 올라가면 된다. 쉽게 속지 말고, 쉽게 선동당하지 마라! 속이는 사람이 잘못이 아니라 속임에 넘어가는 사람이 잘못이다!

우리 모두가 속지 않을 때 불순한 의도를 가진 선동가와 사기꾼들이 사라지게 되므로, 우리 사회가 건강하기 위해서는 지적수준과 분별력을 끌어올려야 한다.

사람을 대하는 기본원칙

1) 말을 할 때 분명하게 의사를 표현하라!

하급의 사람들에게 내가 묻고 싶은 것이 하나 있다.

"당신들은 상급의 사람들이 당신들을 볼 때 어떻게 보는지 혹시 알고 있는가?"

직장에서든 학교에서든 모임에서든 사람이 있는 곳이라면 어디에서든 당신보다 지위와 급수가 높은 사람들이 당신들을 어떻게 보는지 생각해본 적이 있는가?

그들은 당신들의 모든 면을 대화하면서 눈으로 귀로 다 스캔한다!

눈으로는 당신의 행동과 제스처, 복장상태를 확인하고, 귀로는 당신들이 대답하고 말하는 태도와 모양새를 확인한다. 그리고는 순식간에 당신의 급수를 매긴다. 이것을 '견적 뽑는다'라고 표현하기도 한다.

당신이 어딜 가든, 어디에서 일을 하든 간에 윗사람들은 당신들을 지켜보고 있다는 것을 반드시 기억하라!

지위가 높은 상급인 사람 입장에서 사람을 볼 때 가장 중요하게 보는 것은 당신의 태도와 말하는 모양새 그리고 정확한 의사표현이다. 복장과 옷차림은 그다음이다. 입은 옷이 초라해도 사람 자체가 빛나는 사람이 있기 때문이다.

급수가 낮은 사람들은 자신들이 자라온 환경이 척박하고 가혹해서 대체로 자존감과 자신감이 낮고 대인관계의 어려움을 겪기 때문에 대부분 말을 어눌하게 하고, 분명하게 의사표현을 하지 못하는 경우가 많다. 이런 부분이 급수 높은 사람을 대면했을 경우 본인에게 불이익으로 돌아온다.

상대와 대화할 때는 당신의 의사를 분명하게 표현하라! 싫으면 싫다고 얘기하고, 좋으면 좋다고 얘기하고, 판단이 아직 서지 않으면 서지 않는다고 얘기하라! 분명하고 정확하게 또박또박 의사를 명확히 밝혀라! "내가 이런 얘기를 하면 상대가 싫어하지는 않을까?"라는 걱정도 하지 마라.

왜 상대의 눈치를 보는가? 잃을 게 없다면 두려워할 이유가 없다! 당신의 의사를 분명하게 밝혔는데 당신을 미워하거나 싫어하면 그 이유를 직접 확인하고 해결이 되지 않는다면 그 사람에게서 떠나라.

직장은 다시 구하면 되고, 친구는 다시 사귀면 된다. 당황하지 말고 당신의 의사를 단호하고 분명하게 말하는 습관을 꼭 갖길 바란다.

당신이 의사를 분명하게 밝힐 경우, 상대는 당신을 쉽게 대하지 못한다! 이것은 에너지 원리이다. 불안정한 언행으로 에너지 보호막을 제대로 치지 못하기 때문에 상대가 당신을 만만하게 보고 들어오는 것임을 기억해야 한다.

2) 윗사람을 만날 때는 옷차림을 단정하게 하라!

당신이 평상시에 옷을 어떻게 입든 간에 그것은 당신 자유이자 개성이니 알아서 옷을 입으면 된다. 단 당신보다 지위와 직급, 그리고 급수가 높은 사람을 만날 때는 옷차림을 단정하게 하는 것이 좋다.

옷차림은 때와 장소를 구분해야 한다! 구분되지 않으면 당신은 개념이 탑재되지 않은 자로 취급받는다. 내 인생 내가 알아서 살 테니 상대가 그렇게 생각하든 말든 간에 나는 상관없다고 생각하는 사람이 있다면 때와 장소를 구분하지 말고 당신 마음대로 옷을 입고 그냥 그렇게 살아라.

그러나 급수를 끌어올리고 싶은 자는 싼 옷도 상관없고 옷에 센스가 없어도 상관없다. 단 자신보다 급이 높은 사람을 만날 때는 단정하게 입고 만나라!

당신은 에너지가 작은 사람이고 상대는 에너지가 큰 사람일 경우 '에너지는 위에서 아래로 흐른다'는 법칙을 반드시 명심하라. 당신의 언행이 분명하고 옷차림이 단정하면 에너지가 큰 사람은 당신에게 에너지를 내려주게 되어있다. 이것은 에너지의 기본원리이니 무조건 명심하라! 물은 위에서 아래로 흐른다.

호감을 주고 단정해 보여야 에너지가 큰 사람이 당신에게 기운을 줄 수 있다. 만났는데 언행과 옷차림이 시원치 않으면 에너지를 주지 않는다. 하는 짓과 하는 꼴이 밉상이면 미치지 않고서야 어느 사람이 당신에게 에너지를 주겠는가? 당신의 에너지 상태는 말하는 태도와 옷차림에서 제일 먼저 나타난다.

3) 조금씩 힘을 키워라!

급수가 낮은 사람은 에너지 질량과 크기가 작은 사람이다. 급수를 끌어올리려면 자신의 에너지와 기운을 키워야 한다. 자신의 기운과 자신의 에너지를 한마디로 정의하면 다음과 같다.

"현재의 상태에서 힘을 쓸 수 있는 최대치이다!"

돈이 되었든, 지식이 되었든, 학벌이 되었든, 업무능력이 되었든, 대인관계가 되었든, 체력이 되었든 간에 어떤 사건을 두고 해결할 수 있는 에너지 능력을 뜻한다.

급수가 낮으면 큰일과 큰 사건을 해결할 수 없다. 반면 급수가 높은 자는 자신에게 닥친 일을 능히 해결할 수 있는 자들이다. 급수가 높은 자에게는 높은 만큼의 에너지 크기에 맞는 일들이 닥치고, 급수가 낮은 자에게는 딱 그만큼의 에너지 크기에 맞는 일이 닥친다.

보다 나은 삶을 살고 싶은가?

그러면 당신의 급수를 높여라!

남을 비난하지 말고 탓하지도 말고 실력을 키워라!

조금이라도 나은 사람이 있다면 배워라!

단 현혹당하지 마라!

당신이 현혹당한다는 것은 당신보다 에너지가 큰 사람에게 휘둘린다는 것을 의미한다. 방금 말은 반드시 기억해야 한다. 당신보다는 큰 에너지를 가졌지만 그렇다고 그 사람이 판단하고 분별하는 것이 모두 옳은 것은 아니다. 반드시 이 전제를 깔고 남과 교류를 하여라. 그러려면 지적인 사람이 되어야 하고 급수를 끌어올리면서 힘을 키워야 한다.

4) 어리석지 말라! 어리석으면 사기꾼이 다가온다

사기꾼이 당신에게 찾아오는 원리는 다음과 같다.

분별력이 없기 때문에 사기꾼이 당신을 노리는 것이다.
분별이 있다면 사기꾼이 다가와도 다시 돌아간다.
대화 도중 네가 순간 멈칫거리면 사기꾼은 그 틈을 놓치지 않고 들어온다.
사기꾼은 당신 수준에 맞는 '트릭'을 쓴다.
상대는 당신의 감정을 흔들며 가지고 논다.
절대 어리석지 마라!
당신이 사기를 당했다면 사기꾼을 미워하지 마라.
그 사기꾼은 당신의 무지를 알려주고 간 사자(使者)이다.

처음 사기를 당하고도 정신을 못 차리면 두 번째 사기꾼이 당신에게 들어온다. 사기꾼은 당신의 무지와 착각, 어리석음을 일깨워주기 위해 들어온 은인으로 보아야 한다. 당신이 지혜롭고 현명하면 사기를 당하지 않는다. 결국 당신이 분별력을 알기 위해서는 당해봐야 깨닫는 셈이다. 그래서 지구를 두고 '체험의 장소'라고도 비유하는 것이다. 한번 당하면 두 번 다시 당하지 마라.

5) 자신의 잘못된 행동을 항상 복기해라!

누구나 실수를 한다. 그러나 실수의 횟수를 줄여나가는 것이 급수를 올리는 지름길이다. 실수를 줄이려면 자신의 잘못된 행동을 항상 복기하라!

"그때 내가 왜 그런 선택을 했을까?"

모든 잘못된 일들을 복기하는 습관을 가지면 상당한 분별력을 얻을 수 있다.

6) 상냥하게 인사를 잘해라!

자신의 에너지를 상승시키고 싶다면 무조건 인사를 잘해라!

그것도 상냥하게 인사를 해라.

너무 공손하게 인사할 필요는 없다.

그냥 가벼우면서도 상냥하게만 인사하면 된다.

단 분명한 말로써 인사를 해라.

정확하게 인사말을 해야 한다. "안녕하세요!"

급수가 낮을수록 눈인사는 피해라.

말을 해야 한다!

7) 종교인과 영성인을 조심하라!

급수가 낮은 자들은 종교인과 영성인을 조심하라. 종교와 영성은 당신이 분별력을 더 키우고 난 다음 받아들여도 된다. 당신들은 종교인과 영성인들의 잠재적 타겟이라는 것을 항상 명심하라!

8) 남에게 쉽게 달라붙지 마라!

급수가 낮은 자들의 특징 중 하나는 자신보다 나은 사람에게 기대려는 특성이 있다. 그런데 당신들이 모르는 사실이 하나 있다.

상대에게 너무 붙어버리면 상대는 당신을 밀어낸다! 이것도 에너지 법칙이니 기억하면 도움이 된다. 에너지가 작은 사람이 에너지가 큰 사람을 상대할 때는 처음부터 달라붙지 말고 반드시 거리를 두어야 한다. 당신이 상대에게 당신도 모르는 사이에 집착을 하게 되면 상대는 당신을 밀어내게 되고 당신은 또 다시 배신을 당했다고 느낄 수 있다. 이것은 배신이 아니라 에너지적으로 너무 기대었기 때문에 상대가 상당한 부담감을 갖는 것이다.

당신이 상대를 자연스럽게 대하면 상대는 반드시 당신에게 에너지를 주게 되어있고 이것이 에너지 큰 사람에게 에너지를 받는 방법이다. 이 세상에 에너지가 크고 좋은 사람들은 정말 많다. 다만 당신이 못 만나봤기 때문에 없다고 느끼는 것일 뿐이다.

명심하라! 상대가 좋다고 처음부터 상대에게 너무 가까이 접근하지 마라! 적당한 거리를 두면 상생의 기운이 흐른다!

9) 의사표현을 분명하게 하라!

사람을 상대할 때 여러 가지 원칙이 있지만 의사표현을 분명하게 하는 습관을 갖는 것이 중요하다. 의사표현이 분명하면 상대가 오해할 수 없다. 모든 오해는 분명하지 않은 의사표현에서 시작된다.

사람을 만날 때 당신이 쉬워 보이면 상대는 당신을 존중하지 않는다. 의사표현을 분명하게 하는 것은 보이지 않는 선을 긋는 것과 같아서, 상대가 당신을 함부로 대하지 못하게 만든다. 사람들은 허용하는 듯한 불분명한 말을 할 때, 상대가 치고 들어오는 원리를 잘 이해하지 못한다. 사람과 대화를 할 때 자신의 의사를 분명하게 밝혀라! 안되면 연습해야 한다. 이것이 안되면 사회생활에서 자신의 급수를 끌어올리기가 힘들다.

10) 겸손하라!

급수가 낮은 사람들은 특히 겸손해야 한다. 당신이 겸손해야 급수 높은 사람들이 당신들에게 도움이라는 에너지를 줄 수 있다.

버릇없는 자에게 도움 주는 사람은 없다!
무례한 자에게 도움 주는 사람도 없다!

지구에서는 당신이 무언가를 얻으려면 상대에게 겸손해야 상대의 에너지가 당신에게로 온다.

11) 피해의식으로 사람을 대하지 마라!

당신이 피해의식으로 사람을 대하는 순간 당신 주변에 사람이 없어진다. 당신의 피해의식을 지적하는 사람은 당신의 스승이 될 수도 있다. 피해의식으로 그 사람을 밀어내는 순간 당신에게 조언해줄 사람은 없어진다.

따라서 피해의식으로 사람을 대해서는 안 된다! 당신이 피해의식으로 행동하면 못난 사람이 된다는 것을 명심하라.

남의 일에 함부로 개입하지 마라

내가 지금까지 살면서 처절하게 깨달은 것 중 하나가 남의 일에 함부로 개입하면 안 된다는 것이다. 남의 일은 나와 연관이 없는 일이며 말 그대로 남의 일이다.

따라서 남의 일에 개입하는 것은 옳지 않으며 당신이 남의 일에 개입하는 순간, 그 사람의 카르마 속으로 끌려 들어가는 것이다. 자신의 카르마도 힘든데 남의 카르마까지 연결되면 반드시 화를 입는다. 당신은 당신의 카르마를 체험하고 해결하는 데 주력해야 한다. 오지랖 넓게 남의 일에 개입하는 자가 있다면 분명히 얘기하지만 절대 개입하지 마라!

사랑? 우정? 친구? 의리? 인간애? 인류애? 자비? 나눔? 이런 것들을 앞세워 해결도 못 해줄 남의 일에 개입하지 말고, 먼저 당신 앞에 놓인 문제를 해결하는 것이 우선이다.

사랑이 고픈 자가 사랑을 찾고 우정이 고픈 자가 우정을 찾듯이, 과한 욕심을 내는 자에게 화(禍)가 찾아 들어온다. 욕망으로 비롯된 누군가의 어려움에 인간애와 정(情)을 운운하며 개입하는 것은 오지랖일 뿐이다. 남의 일에 개입하여 해결 못해주면 오히려 욕을 먹는다.

가령 길을 가다가 물에 빠진 사람을 본다면 어떻게 해야 할까? 먼저

119에 신고를 하든지 아니면 주변에 도움을 요청해라. 단 당신이 물에 들어가면 절대 안 된다! 물에 들어가지 않는 방법을 모색하여야 한다. 가령 긴 끈이나 줄이 있다면 물에 던져줘서 사람을 물 밖으로 당기면 된다. 그러나 당신이 직접 물에 들어가는 순간 물에 빠진 자와 저승길을 함께 갈 수도 있다.

그러니 누군가가 물에 빠진 것을 본다면, 절대 물 안으로 들어가지 마라! 물 안은 물에 빠진 사람의 카르마의 결과로 비유할 수 있다. 만약 친구가 곤란하거나 괴로운 일을 당했다면 이 경우 그가 처한 상황이 물에 빠진 것으로 볼 수 있고, 이것 또한 그의 카르마 결과로 비유할 수 있다. 친구의 물 속(카르마)으로 들어가는 순간, 험한 꼴을 겪을 수도 있다는 것을 반드시 명심하라!

모든 상황은 항상 신중하게 분석하고 결단을 내려야 한다. 어떤 상황이 펼쳐졌을 때 그것이 자신의 일인지 남의 일인지를 먼저 정확하게 분별해야 한다. 자신의 일이 아니라면 함부로 개입해서는 안 된다.

친구가 곤란하거나 괴로운 일을 당했다면 그 원인은 누구에게 있을까? 바로 친구 자신에게 원인이 있다. 물론 친구는 안 좋은 일을 겪었다며 스스로의 당위성을 찾으려 당신에게 하소연할 것이 분명하다.

그러나 친구가 처한 상황은 그가 스스로 부른 환경이다. 이 경우 앞서 비유하였듯이 그 친구의 상황(물)에 함부로 뛰어들지 마라! 뛰어들어가는 순간 그 친구가 만들고 맞이한 상황을 함께 겪게 된다.

남을 위한 진정한 도움은 그 사람이 스스로 빠져나올 수 있는 정도의 아주 작은 도움만 줘야 하고, 큰 도움을 줄 경우 자칫 잘못하면 당신도 같이 빨려 들어간다. 직접 물에 뛰어들어 개입하는 순간 친구는 당신의 물귀신이 된다는 것만 알아두어라!

나의 지난날을 살펴보면 나에게 닥친 사건과 사고, 그리고 안 좋은 상황들은 모두 내가 스스로 부른 것이었다. 나는 삼십 대 초중반까지 대인관계의 법칙과 원리를 몰랐었고, 주변 사람들에게 도움을 청한 적이 있었으며, 반대로 사람들이 내게 도움을 청해서 나도 모르는 사이에 개입한 적도 있었다. 결과는 항상 좋지 않았다. '모진 놈 옆에 있으면 돌 맞는다'는 표현대로 돌도 맞아봤고, 반대로 돌을 던져보기도 했다. 전부 내가 무지했던 결과이다.

사람이 안 좋은 상황을 맞이하면 그 상황을 맞이한 당사자가 사건을 풀어야 한다. 이것은 자연력의 원칙이며 그 사람이 벌인 이전의 행동이 쌓이고 쌓여 현재의 상황을 불러들인 것이므로 사건의 당사자인 그 사람이 책임져야 한다.

더불어 자신의 불행은 스스로 자초하고 불러들인 일임을 알아야 한다. 그러나 대다수 일반인들은 보이지 않는 인과 법칙을 알지 못해서 분별없이 남의 일에 개입하고 또한 자신의 일에 남을 끌어당기기도 한다. 그 결과 사람을 도와주었다가 사람에게 배신당했다는 말을 하게 된다.

절대 남의 일에 개입하지 마라!
남의 일에 개입하는 순간 그 끝은 결코 좋지 않다!

남의 일에 개입하지 말라는 것은 이기적인 것이 아니다. 사건의 당사자가 스스로 불러들인 환경이므로 그 당사자가 해결해야 한다는 원칙을 뜻한다. 자신에게 닥친 일을 스스로 해결하지 못하면 퇴보된다. 감당하지 못하는 사건이 들어올 때는 당사자가 욕심을 내어 일을 벌였기 때문이다.

이 경우 당사자가 정신을 차릴 가장 확실하고 빠른 방법은 주변에서 도와줘서는 안 된다는 사실이다. 스스로 불러들인 일은 스스로 해결해야 한다. 만약 해결하지 못하면 그에 상응하는 대가를 치러야만 하고 자신의 카르마를 남에게 전가시키는 것은 옳은 일이 아니다.

지금도 수많은 사람들이 자신의 직접적인 일도 아닌 사건과 환경에 개입되어 어려움을 겪고 있다. 그 사건과 사연도 참으로 다양하다. 어떤 사람이 어려움에 처했을 때는 당신이 도와줄 수 있는 에너지 한계라는 것이 존재한다. 자신의 에너지 한계를 뛰어넘어 오지랖을 부리면서 남의 일에 개입하는 순간 당신도 물에 빠진다. 먼저 그 사람이 물에 왜 빠지게 되었는지 인과를 살펴보아야 한다.

만약 사람을 살리려거든 물에 빠진 사람이 물을 많이 먹어 쇼크로 물속으로 가라앉거나 기운이 빠져 의식불명의 상태로 진입하였을 때 그때 건져야 한다. 죽기 직전까지 가본 사람은 두 번 다시는 물(카르마)에 들어가지 않는다. 물이 무섭다는 것을 알았기 때문이다. 결국 물에 빠진 사람 스스로 경험해보아야 한다는 것이고 이 사람이 한창 경험 중일 때는 중간에 그 누구도 개입해서는 안 된다.

따라서 어떤 사람이 힘든 시련을 겪을 때는 곧장 개입하지 말고 일단 지켜보아야 한다. 그 사람의 상황이 당신 눈에 보인다는 것은 크게 보면 당신 공부이기도 하니, 지켜보면서 당신도 깨달을 필요가 있는 것이다. 인생을 바르게 살지 못하면 반드시 험한 꼴을 당하게 되어있다.

일을 해결해줄 자신이 있으면 남의 일에 개입해라

만약 당신이 남의 일을 해결해줄 자신이 있으면 남의 일에 개입해도 된다. 그러나 그 일을 100% 해결해줄 자신이 없다면 함부로 남의 일에 개입하지 마라! 남의 일에 개입하면 남의 일이 곧 당신의 일이 되고, 남의 카르마가 곧 당신의 카르마가 된다는 사실을 인지해야 한다.

남은 함부로 돕는 것이 아니다!
남을 돕는다는 생각을 하지 마라!
그것은 당신의 오만이다!

만약 친구가 어렵다면 반드시 어려운 이유가 존재하는 법이다. 친구가 어려운 상황을 맞이한 것은 그 친구가 스스로 불러들인 상황이며, 그 친구는 그 어려움을 통해 스스로 깨우쳐야 하는 체험이 있다.

그런데 당신이 오만하게 우정 때문에 돕는다는 생각으로 개입하는 순간 당신은 친구의 영혼 성장을 가로막게 된다. 물론 친구는 당신에게 도움을 요청하고 은연중에 감정으로 도움을 호소하겠지만, 그 상황에서 진정 친구를 위한 길이 무엇인지 신중하게 판단을 해야 한다.

도움을 준다는 것은 어떤 사람의 어려움을 100% 해결해주는 것이 아니라, 약간의 도움 즉 스스로 해결해보겠다는 의지가 생길 때까지의 도움을 의미한다. 약간의 길만 터주면 알아서 나아갈 수 있는 정도의 도움을 말한다.

그러나 일을 해결해줄 실력이 있다고 해서 친구의 어려움을 100% 해결해주는 순간, 당신은 친구가 스스로 겪고 풀어나가야 하는 일을 대신해준 셈이 되고, 친구는 다음에도 유사한 상황을 겪게 되면 그 일을 해결해본 적이 없기 때문에 또다시 당신에게 도움을 청하러 온다는 사실을 왜 생각하지 못하는가?

사람을 도와줄 때는 반드시 '타임존'이라는 것이 있다. 예를 들어 사람이 물에 빠졌을 경우, 그 사람을 건지려면 물에 빠진 사람이 쇼크로 물속에 가라앉을 때, 그리고 의식불명의 진입 직전까지 갔을 때, 바로 그때가 사람을 건져줄 수 있는 타임존이다.

무릇 모든 일은 정확한 때를 보고 들어가야 하고, 때에 맞게 행동할 수 있는 시간의 구간이 존재한다. 상황이 다급하다고 해서 사람을 잘못 건져주거나 빨리 건져주면 같이 죽거나 당신에게 보따리 내놓으라고 다그칠 수 있다는 것을 알아야 한다.

당신이 실력이 있어도 남의 일에 개입하지 마라!
당신이 자신이 있어도 남의 일에 개입하지 마라!
남은 함부로 돕는 것이 아니다!

누군가가 당신에게 도움을 요청해오면 상대가 하는 말을 유심히 들어보아라. 사람은 자신에게 유리하게 말을 하게 되어있다. 도와주고 싶은 마음이 불쑥 올라와도 일단 참아라! 참아야 하는 이유는 상대가 어려움을 겪으면서 정신적 성숙과 더불어 스스로 해결할 수 있는 시간을 주기 위함이다.

그리고 다시 상대의 말을 유심히 들어보아라! 듣다 보면 상대의 말에 반드시 의문점이 생길 것이다. 상대가 나에게 어려움을 얘기한다는 것은 일처리를 잘못하였기 때문에 하소연하는 것이고, 그의 말속에 그가 잘못 처리한 문제점이 있기 때문이다.

따라서 상대가 하는 말을 하나라도 놓치지 말고 들어야 한다. 말을 귀 기울여 들어주는 것만으로도 상대를 위하는 일이 되고 상대의 마음은 조금 편해진다.

사람을 지켜보는 것도 공부이다. 나의 가족이 힘들어하고 나의 절친한 친구가 힘들어할 때 상대의 하소연과 말을 잘 들어주되 개입하지 말고 지켜보아라. 지켜보는 것도 인내가 요구되는 힘든 일이며 당신의 수행이기도 하다. 당신 또한 사람을 통해 배울 것이 있기 때문에 그 사람과 인연으로 연결된 것임을 이해해야 한다.

따라서 당신이 누군가의 어려움을 해결해줄 수 있는 능력과 힘이 있다고 하더라도 남을 돕는 것은 매우 신중해야 한다. 자칫 공명심과 자만심으로 누군가의 어려움에 개입하는 순간, 최악에는 당신이 가진 힘과 지위를 다 잃어버릴 수도 있다는 것을 명심하라!

하늘(자연력)이 당신의 에너지(재산, 지위 등)를 털어갈 때는 사람을 보내서 털어간다는 사실을 반드시 기억하라! 인연법의 기본원리이다. 우리가 살면서 돈이 샐 때는 당사자가 돈을 물 쓰듯 써서 돈이 새는 케이스가 과연 얼마나 된다고 생각하는가? 가지고 있던 돈이 샐 때는 반드시 인연이 들어와서 돈이 새어 나간다. 사람이 들어와서 돈을 안 털어가면 당신 형제나 부모 자식이 돈을 털어간다.

따라서 당신이 친구나 사람을 위한다고, 혹은 부모형제나 자식을 위한다고 그들의 일에 개입하는 것을 신중하게 다시 생각해보고 만약 그 순간이 다가오면 분별을 잘하길 바란다.

"지금 내가 이 사람을 도와주면 과연 이 사람이 바른 길로 갈까?"라는 생각을 해보아야 하며, 만약 도와준다고 하더라도 상대가 바른 길로 갈 확신이 서지 않는다면 절대 도와주지 마라! 어설프게 도와주는 순간 당신이 상대를 망치는 주범이 된다.

물질을 가진 사람이 정신까지 가지면 무섭다

이번 생에 운명을 잘 타고난 사람, 즉 좋은 가정환경과 좋은 직업, 그리고 재물운이 좋은 사람이 정신까지 갖출 수 있다면 보다 더 유연하고 힘 있는 사람이 된다.

기업 회장이나 그들 부인들이 미술품에 애착을 느끼고 갤러리를 하나씩 운영하고 있는 이유는 물질은 많이 가졌지만, 빈곤한 정신을 채우기 위한 심적 갈증으로 인해, 예술품을 보면서 지적수준을 올리고 싶은 욕망 때문이다. 즉 예술품을 통해 예술세계를 이해하고, 정신의 고매함을 추구하고 배우기 위함인데 원래 인간은 배가 부르면 자연스럽게 정신세계를 추구하려는 습성이 나온다. 이런 연유로 돈 많은 사람들 집에는 고가의 그림들이 걸려있는 것이다. 또한 미술품은 현금과도 같기에 돈거래에 용이한 이점과 비자금의 목적도 있다.

사람이 물질과 정신을 갖추면 레벨이 급 수직 상승을 하게 되고, 에너지가 보다 증폭되어 그를 따르는 사람이 많아지게 된다. 이것은 그의 에너지가 상승하여 주변 기운을 흡수하고 발산하는 블랙홀과 화이트홀의 영역까지 올라갔다는 것을 의미한다. 이러한 사람들은 사회적 리더의 자질을 갖추었다고도 볼 수 있다.

반대로 정신만을 추구하는 사람들은 많은 돈을 벌기가 어렵다. 돈을 다루어본 적도 없고 경제적 삶을 사는데 둔감하기 때문이다. 현대사회에서 정신만을 추구하면 거지가 된다는 것을 알아야 하고, 거지 밑에 거지가 난다고 그들의 자식들도 부자가 되기에는 상당한 어려움이 있다. 일종의 대물림이다.

'무엇을 물려주고 가르쳐주느냐?'는 너무나 중요한 일이다. 학벌 좋고 부모복이 좋은 친구들은 물질적 가치를 계속 추구하면서 동시에 정신적인 영역도 공부하면 좋을 것이다. 이것이 급수 높은 자가 더더욱 올라갈 수 있는 지름길이기도 하다.

서양의 전통적인 부자들은 정신적인 영역에도 심혈을 기울이고 그들 자식에게 예술세계와 정신세계에 대한 다양한 교육을 시키는 것을 볼 수 있는데, 같은 부자라고 해도 이 사람들은 매우 철학적인 사람들이다. 지금의 서양이 현 지구패권을 쥐고 있는 데에는 그만한 이유가 있다.

물질적 부는 개개인의 운(運) 크기에 의해 반드시 한계가 있고, 자신이 담을 수 있는 선까지 채우면 그 위 단계를 넘어서기가 매우 어렵다. 그러나 정신까지 갖추면 새로운 목표와 이념을 세울 수 있게 되어 한계는 조금씩 사라지고 이전보다 더디지만 자신이 노력한 만큼 급수를 더 끌어올릴 수 있다. 부유할수록 영적 성장과 정신적 성장을 해야 하는 이유이다.

정신적인 사람들은 경제적으로 가난하고, 그 가난을 벗어나기 위해서는 지금까지 자신이 닦은 정신적인 부분을 물질화시켜야 한다. 다시 말해 자신의 결과물을 내어놓아야 한다.

그간 물질적인 부분을 외면하고 열심히 정신을 추구하였다면 무슨 결과나 소득이 분명 있었을 터이고, 그것을 책이든 무엇이든 간에 물질화시켜 세상에 내어놓아야 한다. 못 내어놓으면 다시 원점에서 자신의 문제점을 살펴보고 최선을 다해 열심히 살아야 한다.

부모복, 재물, 학벌, 직업, 공부머리 등이 평균 이상인 사람들은 자신의 일을 열심히 하면서 정신까지 갖추면 당신이 생각하는 그 이상으로 레벨 업을 할 수 있다는 사실을 꼭 기억하길 바란다.

결국 당신이 이번 생의 운명 프로그램을 잘 타고 났다는 것은 "세상을 위해 빛이 되는 일을 하고 가라!"는 하늘과 땅의 뜻이 담겨있음을 이해해야 한다. 그래야 아래 급수의 사람들이 당신들을 지지하면서 따라올 수 있는 것이다. 이 구조가 서로를 이끌어주고 서로를 비추어 서로 빛나게 해주는 '별빛 네트워크'이다.

물질을 가진 사람이 정신까지 갖추면 무서운 법이다. 물질(돈)과 정신의 결합은 엄청난 시너지를 만들어낸다. 힘을 가진다는 것은 그 힘을 세상을 위해 쓰라는 의미가 담겨있다. 힘은 휘두르는 것이 아니라 빛나게 쓰는 것이다.

지적 수준을 높여라

의식수준을 끌어올리려면 나보다 나은 사람의 말을 유심히 듣고 복기해야 한다. 이후 어느 수준에 이르면 자신의 생각이 급상승하게 되고, 부단히 노력하면 그 사람의 의식수준을 뛰어넘을 수 있게 된다. 따라서 사람은 항상 배우려는 자세를 가져야 한다. 끊임없이 새로운 정보와 팩트를 받아들이면서 자신의 에너지 수준을 높일 필요가 있다.

당신을 통해 내가 성장하고 나를 통해 당신이 성장한다! 이 말은 에너지 순환법칙을 뜻한다. 에너지는 순환되어야만 전체의식이 끌어올려지는 것이다. 항상 남을 관찰하고 배우려고 노력하는 자는 자신도 모르는 사이에 의식수준이 높아진다.

물론 중요한 전제조건이 있다. 현재의 일에 충실하고 자신의 일을 열심히 재미있게 해야 한다. 그리고 틈틈이 정신영역을 살피고 공부하면 물질과 정신이 훌륭하게 조화를 이루어 당신은 서서히 레벨 업을 하기 시작한다.

물질의 직업을 내팽개치고 정신으로 들어가려는 사람이 있다면 돈은 당신과는 거리가 멀어져 힘들게 살아야 하니, 현재의 일에 열심히 집중하는 것이 이롭다. 정신과 물질 중 어느 한쪽에 편향되면 불균형이 나를 옥죄어온다.

분별의 시작은 사람을 간파하는 데에서 출발한다. 당신이 어디에 가든 어디에서 일하든 간에 사람은 매일매일 만난다. 사람 보는 안목을 키워두면 당신에게 닥친 어려움도 쉽게 헤쳐 나갈 수 있다.

사람을 알아보는 가장 빠른 방법은 사람에게 당해보면 제일 빠르다. 사람에게 여러 번 당하고도 또 당하는 사람이 있다면, 그 사람은 깨우칠 때까지 계속 당하는 기회가 주어진다. 나는 사람들이 안 당했으면 좋겠고 당하지 않으려면 배우고 공부해야 한다. 아울러 머리를 쓰고 이치를 따져보는 연습을 해야 한다.

지금의 시대는 정보가 홍수를 이루는 세상이다. 널려있는 것이 정보이고 지식인데 머리에 집어넣고 이치를 따져보는 연습을 하다 보면 자신만의 궁금증은 서서히 해소되기 시작한다. 또한 가급적 누군가에게 물으려고도 하지 말고, 스스로 정보를 받아들여 깨치는 것이 좋다.

자주 묻는 자는 급수가 낮고, 급수가 높은 자는 한 번을 물어도 핵심을 찔러 묻는다. 그만큼 이치를 따져보고 깊게 생각을 한다는 것이다. 그러나 내가 수준이 떨어지면 이해력이 약하기 때문에 이해가 될 때까지 여러 번 물어볼 수밖에 없다. 여러 번 물어보는 것이 나쁜 것은 절대 아니다. 다만 상대에게 정중하게 물어보면 된다. 정중하게 들어오는 자에게 함부로 대할 사람은 없다.

강한 자와 어리석은 자는 지혜로운 자를 절대 이길 수 없다. 지혜로운 자는 에너지 흐름을 탈 줄 알고 애써 저항하지 않기 때문이다. 당신이 어리석어 순리에 어긋나는 행위를 하면 곧바로 에너지 흐름의 저항을 받게 되어있다. 이때는 자신을 한번 살펴보는 것이 좋다.

당신의 지적수준이 올라가면 올라갈수록 자신이 맞이하는 상황과 어려움은 능히 풀어나갈 수 있다. 지적 수준의 상승은 영혼성장을 촉진한다. 따라서 잘 생각하고 분석하며 이치를 따져보고 자신이 맞이한 특정 상황에 대한 복기를 반복하는 습관을 가져야 한다.

남을 도와주기 위해서는 힘을 가져야 한다

나는 사람을 함부로 도와주지 말라고 얘기한다. 젊은 친구들이나 이타심이 많은 사람들은 나의 말이 이해가 되지 않거나 반발을 할 수도 있을 것이다.

나는 당신들에게 묻고 싶다.

"당신들 앞에 놓인 문제는 제대로 풀고 있는가?"

그럼 다시 나에게 반문을 할 수도 있다.

"그래도 우리 인간은 어려운 처지에 있는 자들을 도와야 하는 것 아닌가?"

그럼 나는 다시 대답한다.

"내가 보기엔 당신이 어려운 사람 같은데 어려운 사람이 어려운 사람을 도울 수 있겠는가?"

"당신 앞에 놓인 문제들… 당신 앞에 놓인 어려움부터 먼저 풀고 그 다음에 도울 것을 생각해보라!"

기부는 누구나 할 수 있다. 자신이 가진 돈의 범위 내에서 적정선의 기부는 누구든지 할 수 있다. 부자는 많이 낼 것이고, 중산층은 자기 수준만큼 낼 것이고, 형편이 어려운 자는 안 내거나 조금 내면 된다. 그러나 나는 생각을 달리한다. 기부할 생각을 하지 말고 형편이 어려운 자들의 환경을 근본적으로 뜯어고칠 방법은 없는지 그 핵심을 생각하고 한 번씩 그 해결책을 생각해본다.

당신들은 기부 말고 근본적으로 가난한 자들의 환경을 바꿀 수 있는 해결책은 생각해본 적이 있는가? 나는 가끔씩 생각을 해봤고 나름 문제해결을 위한 대안도 가지고 있다. 그러나 대안은 나만의 생각일 뿐이고, 어느 순간 역발상으로 접근을 해보았다. 어느 때부터 가난하거나 환경이 어려운 자들을 유심히 관찰하기 시작했다.

나의 결론은 가난함에는 반드시 이유가 있다!

가난은 그냥 가난해지는 것이 아니라 반드시 원인이 있다. 당신들은 혹시 가난한 자들의 생각과 마인드를 현미경 보듯이 관찰해본 적이 있는가?

사회 탓, 남 탓을 떠나 순수하게 가난한 사람들의 마인드를 살펴본 적이 있는가?

또한 가난은 대물림이 되는 경향이 강한데 현재 가난한 사람이 오랜 몇 전생 이전에는 잘 살았던 적은 없었는지 혹시 생각해본 적이 있는가?

어느 특정 전생에서 자기가 누렸던 부와 지위가 추락하여 이번 생에 추락의 결과로 다시 가난하고 불우한 환경을 짊어지고 태어났다는 생각은 해본 적이 없는가? 아님 대대로 가난이 내려왔을 것이라는 생각은 해본 적이 없는가?

가난은 '평행우주이론'처럼 반드시 이전 삶과의 연속성을 가지고 있고, 지금 나의 아버지가 급수가 떨어지고 가난하다면 조부도 가난했을 확률이 높다. 또한 조부 때까지는 잘 살았으나 조부가 노름과 술로 가산을 탕진하고 아버지 때부터 추락하여 자식들이 가난을 연속적으로 체험하고 있다면, 이 자식들은 프로그램에 의해 자신의 아버지를 선택해서 영혼 입식하여 출생할 때 자신의 아버지가 가난하다는 것을 차원계에서 알았을까? 몰랐을까?

다시 말해 가난한 자의 자식으로 태어나는 영혼 또한 '가난을 체험하는 코드'가 있다는 전제를 깔고, 다시 가난한 자들을 관찰한다면 가난에는 반드시 이유가 존재한다. 가난한 집안에서 태어났다는 것과 가난을 체험하는 코드에는 다시 바닥에서 이번 생을 시작하라는 뜻이 담겨 있다.

가난한 자들은 스스로 일어서야만 하고, 스스로 일어서려 노력할 때 바로 그때가 도움을 줄 때이다. 도움에는 타이밍이 존재한다는 것을 반드시 인지해야 한다.

과거와 현재라는 시간을 윤회의 매커니즘으로 들어가 분석해보면, 현재 고통받고 있는 자들의 그 옛날 과거는 '지금의 고통을 받기 위한 행보를 걷고 있었다는 것'을 이해해야 한다. 돌고 도는 역지사지의 체험 속에서 인류는 지금까지 존재해왔다.

불쌍하게 보기 전에 도와줘야겠다고 생각하기 전에, 왜 그들이 현재의 비참한 삶을 살고 있는지에 대한 이유를 단 한 번이라도 생각을 해보고 도와줘라! 동정심에서 나오는 감정과 인류애를 논하기 전에 그들이 왜 가난하고 비참하게 살고 있는지에 대한 인과관계도 단 한 번이라도 생각하라.

따라서 남을 도와주기 위해서는 당신이 힘을 가져야 한다. 힘을 가진다는 것은 물질적, 정신적 에너지를 다 포함하는 의미이다. 정신적으로는 상대가 왜 어려워지게 되었는지 통찰력과 분석력을 발휘하고, 물질적으로는 힘과 실질적인 지원을 하면서 지혜를 가지고 상대를 확실하게 일으켜 세워야 한다.

그래서 남을 도와주고 싶거든 당신부터 힘을 갖추라는 것이다! 나의 어려움과 나의 카르마도 해결하지 못하면서 남을 도와줄 수 없다. 상대에게 돈을 빌려주거나 대가 없이 그냥 주는 것(기부)이 정말 상대를 도와주는 것이라고 생각하는가?

상대가 어려워진 이유에 대한 원인과 결과를 알지 못하면 절대 상대를 도울 수 없고, 상대 역시 자신이 왜 어려웠는지에 대한 이해를 하지 못하면 그는 절대 의지를 갖지 않는다. 스스로 일어서려는 의지가 없는 자에게는 도움을 주어서는 안 된다. 차라리 온 사회 구성원들에게 '저렇게 살면 저 꼴 난다!'는 본보기로 그냥 두어야 한다.

당신이 힘을 가져야 하고 힘은 에너지이며 큰 에너지가 작은 에너지를 일으켜 세울 수 있는 법이다. 큰 에너지는 인력이 세기 때문에 작은 에너지를 흡수한다. 바로 이 원리로 사람을 일으켜 세우는 것이다.

지혜까지 갖추면 언젠가는 전체가 밑바닥의 어려운 사람들을 반드시 구제할 날이 오며, 우리 대에서 못하면 우리 다음 대에서 계속 진행시킨다. 불완전을 완전으로 돌리기 위한 자연의 움직임이다. 따라서 세상과 사람을 돕고자 한다면 당신부터 공부하고 힘을 키워라!

처음부터 자신에게 잘해주는 사람은 경계하라

우리가 회사를 들어가든, 어느 조직이나 집단을 들어가면 이유 없이 잘해주는 사람을 쉽게 만난다. 또한 처음 만난 사람인데 유난히 나에게 호의를 베풀며 잘 대해주는 사람을 한 번쯤은 만난다.

1) 처음부터 잘해주는 사람은 경계하라!

잘 알지 못함에도 불구하고 처음부터 잘해준다는 것은 문제가 있다. 회사를 들어가도 제대로 된 상사라면 당신을 일정 기간 유심히 지켜본다. 싹수가 있다면 조금씩 잘해주는 것이 정석이다. 그러나 이유 없이 처음부터 잘해주는 것에는 반드시 이유가 존재한다. 곰곰이 생각을 해보라. 누군가가 처음부터 당신에게 잘해주는 것에 대해 잘 생각해보라! 당신이라면 처음 보는 사람에게 이유 없이 잘해줄 수 있는가? 누군가를 처음부터 잘해주려면 그 사람에게 매혹당하는 것이 아닌 이상 반드시 다른 이유가 있는 법이다.

2) 이유 없는 호의는 절대 받지 마라!

이유 없는 호의는 절대 받지 마라. 나중에 독이 되어 당신에게 돌아온다! 처음부터 당신에게 잘해주는 사람은 나중에 뒤에서 당신을 헐뜯을 확률이 높다. 처음에는 상대의 이유 없는 호의를 의심 없이 받다가 추후 당신이 부담을 느껴 조금이라도 밀어내는 순간, 당신에 대한 실망감으로 상대는 당신을 헐뜯게 되어있다.

처음부터 당신에게 잘해주는 사람은 당신이 모르는 '목적'을 가지고 있다. 그 목적은 다양하고 당신을 이용해서 다른 것을 얻기도 하고 당신의 에너지를 직접 갈취하려는 목적이 대다수이다. 본인의 에너지가 결핍되어 있으니 상대에게 친절과 호감을 베풀면서 에너지를 자기 쪽으로 당기는 경우가 많다.

3) 상대를 살피면서 들어가라!

친화력이 뛰어난 사람을 제외하고는 사람은 처음부터 친해지지 않는다. 서로를 견주어보고 나와 상대의 에너지 급수도 살피면서 조금씩 다가가는 것이 정석이다.

누군가를 친구로 사귀게 되었는데 두 사람이 처음부터 서로 죽이 잘 맞고 급속도로 끌린다면, 이 관계는 먼 훗날 깨어질 확률이 높다는 것도 알아두어라. 불은 빨리 붙으면 그만큼 빨리 식는다. 또한 처음부터 끌림의 스파크가 세면 악연일 가능성도 높다는 것을 기억하라. 사람은 시간을 두고 점진적으로 서로를 알아가는 것이 정석이다.

4) 처음부터 설레발을 치고 들어오는 자는 무조건 경계하라!

당신에게 목적이 있기 때문에 설레발을 치고 들어오는 것이다. 내가 상대보다 조금이라도 급수가 높을 때 상대는 설레발을 치고 들어온다. 당신이 상대와 에너지 준위가 비슷하면 상대가 웬만해선 설레발을 치지 않는다. 자신이 아쉬운 것이 있기 때문에 아양을 부린다는 것을 반드시 명심하라!

대화하면서 상대의 호의가 점점 부담스러워지면 당신의 육감이 감지한 것이다. 인간의 몸은 하나의 송수신기이다. 따라서 우리 인간은 어느 특정 에너지나 사람을 타고 들어오는 기운을 감지할 수 있고, 역으로 자신의 기운을 발산할 수도 있다.

사람의 기운을 감지할 수 있음에도 불구하고 상대기운을 놓치는 경우는 다음과 같다.

- 특정 욕심에 사로잡혀 있을 때
- 분별력이 떨어질 때
- 신체리듬이 최악일 때

당신은 누군가와 교류를 하면서 어느 순간 상대의 호의에 부담을 느끼는 경우가 종종 생긴다. 이때는 당신의 마음이 감각으로 알려주는 신호라고 판단하고 상대를 유심히 관찰해야 한다. 상대의 에너지가 과도하게 들어오면 당신 몸과 당신의 감각은 균형을 유지하기 위해 당신도 모르는 사이 상대를 밀어내려는 속성이 나온다. 이것은 뭔가 나와는 맞지 않다는 신호이며, 상대의 기운과 정보를 다시 정리 분석해야 한다.

따라서 상대의 호의가 부담스러워지면 적당한 핑계를 대고 그 자리를 피하라. 그 부담이 사라지기 전까지는 상대를 만나지 마라!

5) 감정이 흥분되어 있거나 기분이 들떠있는 자를 경계하라!

감정이 흥분되어 있거나 기분이 들떠있는 자는 심리가 불안한 사람이니, 그 사람의 말을 다 받아들이지 말고 유심히 관찰하라! 관찰하다 보면 이 사람은 자신의 불안한 심리를 당신을 통해 안정화시키려고 당신의 에너지를 빨고 있다는 것을 확인할 수 있다.

심리가 불안한 사람들이 대체로 말수가 많다. 자신의 불안한 심리를 말을 통해 에너지 전달과 의사표시를 하면서 당신의 에너지를 흡수하고 있는 것이니, 계속 그 사람과 응대하고 있다 보면 당신의 기가 빠진다. 따라서 상대가 이상하게 말수가 많고 기분이 들떠있으면 경계하라!

6) 누군가가 어디로 가자고 할 때 내키지 않으면 따라가지 마라!

친구나 아는 지인이 어디 가자고 제안할 때 내키지 않으면 절대 따라가지 마라! 당신의 마음에서 따라가지 말라고 신호를 보내는 것이다. 이 경우 상대가 이끄는 대로 따라가면 그날 안 좋은 일을 겪게 될 확률이 높다. 우리의 몸은 하나의 감각체라서 어지간한 것은 감과 촉으로 신호를 알아차릴 수가 있다. 이미 마음에서 내키지 않으면 가지 말라고 신호를 보내는 것이다. 따라서 내키지 않으면 적당한 변명을 대고 자리를 떠나라!

7) 처음 보는 사람의 호의를 절대 경계하라!

인간은 이유 없이 타인에게 호의를 보이지 않는 법이다. 인간은 기본적으로 이기적일 수밖에 없다. 사람은 서로 에너지 준위가 같지 않은 이상 상대에게 자신의 에너지를 쉽게 내어주지 않는 법이며, 쉽게 내어주어서도 안 된다. 반드시 상대를 파악할 시간을 갖고 상대와 나를 살펴보아야 한다.

처음부터 당신에게 호의를 베풀고 들이대는 사람은 자신만의 목적이 있는 사람으로 간주해야 한다. 그 사람은 당신의 경계를 허물게 하고 당신의 기운을 빼앗을 확률이 높다. 처음 보는 사람이 당신에게 호의를 베푼다는 것은 목적이 없으면 불가능하다. 더군다나 잘해주는 정도를 넘어 과하게 잘해주면 일단 그 자리를 벗어나는 것이 좋다.

8) 때로는 당신의 육감을 믿어라!

우리가 모든 일에 육감을 동원할 수는 없다. 인간에게 벌어지는 상황이라는 것이 육감만으로 완전히 파악할 수 없다는 뜻이다. 그러나 상황이 애매하거나 이상하게 흘러갈 경우 그때는 육감을 활용해라!

가령 처음 보는 상대의 행동이 이상하게 불쾌하거나 불안할 경우 육감을 이용하여 육감대로 결정하라! 자리를 뜨고 싶다면 얼른 뜨고, 이상한 상황에 말려들 것 같은 느낌이 들면 빨리 피하는 것이 좋다.

카르마의 고통 강도는 똑같다

우리 인간은 받아들이는 정보의 질량과 의식수준에 따라 삶이 나누어진다. 급이 높든 낮든 간에 지구에 태어나는 순간부터는 지난 생의 부채와도 같은 카르마(업력)를 중심으로 인생을 살게 된다. 카르마로 들어오는 인연과 사건들은 그 힘이 매우 크다.

따라서 각자가 겪는 인생살이의 난관들이 크고 작은 듯 보여도 당사자들이 체험할 때 느끼는 괴로움과 고통은 동일하다. 다시 말해 카르마의 성격과 종류가 다를 뿐 부자가 겪는 카르마나 가난한 자가 겪는 카르마나 그 고통의 강도는 거의 동일하다. 오로지 다른 것은 '잘 사느냐? 못 사느냐?'의 차이밖에 없다. 카르마는 부자, 빈자를 가리지 않고 모두에게 적용된다.

각자의 카르마가 모여 전체의식의 카르마를 형성한다. 이 원리로 개개인의 문제들이 풀어질 때 국가적 카르마도 풀어진다. 위에서 아래까지 각자가 겪는 고통은 사람의 그릇 크기에 비례해서 들어온다. 결국 인생사에서 겪는 고통이란 모두에게 똑같이 힘들다고 봐야 한다.

기운이 큰 사람은 그만큼 크게 고통이 들어오고 기운이 작은 사람은 그만큼 작게 고통이 들어오지만 각자가 담을 수 있는 에너지 용량의 한계치 관점에서 보면 조여오는 고통이 자신의 한계치에 다다르면 느끼는 괴로움의 강도는 결국 똑같다. 인간은 감정과 마음을 가지고 있기 때문에 가슴 깊이 혹은 마음속 깊이 들어오는 칼날에는 모두 괴로워할 수밖에 없기 때문이다.

오래전 다른 이들은 행복하고 나만 힘든 줄만 알았던 적이 있었다. 그러나 인생을 좀 더 살아보니 다른 사람들도 각자의 인생여정에 따라 힘들어하고 있다는 것을 알게 되었다. 무엇 때문에 우리 모두 이렇게 힘든 삶을 사는지 많은 생각도 해보았다. 시간이 흘러 그 고통이 인간 의식을 진화시키는 원천 중 하나임을 이해하였다. 나를 죽이는 삶의 고통이 아니라 내가 이해하고 알아야 하는 과정에서 벌어지는 고통임을 깨달았다. 분명한 것은 사람이 바르게 분별하고 일처리를 하면 괴로움은 오지 않는다는 것이다.

우리 모두는 살아온 인생의 기록들이 인지하지 못하는 가운데 복사되고 그중 가장 크게 집착하는 사념이 중심이 되어 평행우주처럼 다음 생에도 연속선상에서 펼쳐지고, 각자에게 벌어지는 일련의 사건들은 모두 정보가 쌓인 업력(業力)으로 나타난다. 이 간단한 원리를 이해하는 데 시간이 꽤 소모되었고, 이후 나의 행동은 조금씩 절제가 되기 시작했다. 미력한 나의 행동조차 나비효과처럼 미치는 영향력을 이해했기 때문이다.

우리 인간은 하나의 '정보체(情報體)'이다. 나의 환경, 내가 하는 말, 행동, 습관, 뇌를 쓰는 방식과 기호와 선호 모두가 나의 영혼과 몸에 저장된 정보에 의해 발현되는 것이다. 영혼을 가진 생물이지만 하나의 정보체이기도 한 것이 우리 인간이다.

3차원 지구에서 벌어지는 모든 일은 연속선상에서 일어나는 일들이며 일관성과 법칙이 존재한다. 예외란 없으며 인간으로 지구에 태어난 이상 각자 겪는 고통의 강도는 똑같다.

기운이 큰 사람은 명분 없는 일에는 개입하지 마라

기운이 큰 사람은 함부로 움직여서는 안 된다. 당신이 무엇을 하든 남과 연관된 사건에는 원칙적으로는 개입하지 마라!

기운이 크다는 것은 다른 사람들보다 에너지를 많이 낼 수 있다는 것을 뜻하며, 자신에게서 나오는 에너지의 힘이 강하므로 사람과 상황을 지배할 수 있는 힘과 문제 해결능력이 뛰어나다.

개입해야 할 일이 있고 개입해서는 안 될 일이 있다.
따라서 명분 없는 일에는 절대 개입하지 마라!

기운이 작은 사람은 큰일이든 작은 일이든 간에 개입하면 별로 티가 나지 않는다. 반대로 기운이 큰 사람은 어떤 사건에 개입하는 순간, 기운이 크고 좋기 때문에 사람들 눈에 확 띈다. 한마디로 사람들의 시선을 당긴다는 뜻이다. 기운이 큰 만큼 작은 사건은 큰 사건으로 확대되고, 연이어 그 사건은 주목을 받으면서 급기야 사건의 당사자가 아니면서도 순식간에 사건의 당사자가 되어버린다. 진작 사건의 당사자는 뒤로 물러나고 당신이 사건의 주범이 되어 곤혹스러운 일을 맞이하게 된다는 점을 알아야 한다.

친구들이나 회사, 그리고 기타 조직에서 사람들끼리 충돌이 발생할 경우 일단 당신은 가만히 있고 양측 그 누구의 말에도 동조하지 말고 관찰해야 한다. 아울러 이쪽 말도 들어야 하고 저쪽 말도 들어야 한다. 즉 양쪽 모두의 말을 들어봐야 한다. 이후 사건의 원인과 가해자와 피해자를 분별해야 한다.

사건의 당사자와 아무리 친하다고 하더라도 말은 들어주되 편을 들어서는 안 된다. 친분에 끌려서 편을 들어주는 순간 분별력은 사라지고 감정적 반응이 나오게 된다. 당신의 일이 아닌데 당신이 끼어들면서 당신의 일이 되어버린다. 이 과정은 순식간에 벌어지고 새로운 적을 만들게 된다.

당신과 친분 있는 사람이 최초 원인 제공자일 수도 있고 잘못을 했을 수도 있다. 그런데 가재는 게 편이라며 함부로 나서는 순간 당신이 사건의 주범이 될 수도 있다. 기운도 큰 데다 눈에 잘 띄는 스타일로, 당신이 분별을 잃으면 역으로 화살은 당신에게로 날아 들어온다는 것을 알아야 한다. 졸지에 당사자도 아니면서 사건과 충돌을 해결해야 하는 입장에 처하는데 상당히 어이없는 미련한 짓이다.

따라서 기운이 큰 사람은 명분 없는 일에는 절대 개입해서는 안 된다. 명분이란 당신에게 맞는 합당한 이유이다. 특정 사건이 주변에서 일어나면 먼저 그 사건이 당신의 일인지를 분별해야 한다. 당신의 일이라면 당연히 개입할 수밖에 없겠지만 아니라면 절대 개입하지 마라! 그 일은 충돌 당사자들이 해결해야 할 몫이기 때문이다. 자칫 사건과 사고는 딴 사람이 쳐놓고 해결은 당신이 하는 꼴이 될 수도 있다.

사건을 일으킨 사람이 그 일을 해결해야 옳다!
사안에 따라서는 도와주지도 마라!
사고를 친 사람이 스스로 얻어맞고 깨달아야 할 것이 있기 때문이다.

작은 기운은 항상 불리할 때 큰 기운을 당긴다. 자신의 에너지가 작고 상황이 불리하기 때문에 큰 기운의 사람을 당겨 에너지를 채워 대응하려는 속성이 있다. 반대로 큰 기운은 자신의 일을 도모할 때 주변의 크고 작은 기운을 전부 당기는데 이 역시 함부로 사람의 기운을 당기고 뜻대로 움직이려는 것이다. 명분이 없고 판단이 옳지 않으면 반드시 화를 당할 수 있음을 알아야 한다.

들어가야 할 때와 들어가서는 안 될 때를 구별하고, 당신의 일인지 아닌지를 구별하고, 도와줘야 하는지 아닌지를 구별하고, 냉정하게 무시해야 할지 말지를 구별하고, 정당한 명분을 주는지를 구별하고, 만약 개입한다면 최선을 끌어내야 한다는 사실도 기억해야 한다. 따라서 자신 없으면 개입하지도 말고 명분이 없으면 더더욱 개입하지 마라. 다칠 수도 있다!

자신의 행동이 옳은지 판단하려면 주변 상황을 살펴라

자신이 한 행동이 악재가 될지 호재가 될지 전혀 감이 안 올 때는 반드시 주변을 살펴보아야 한다. 우리 인간은 살아가면서 수많은 결단과 결정을 통한 다양한 결과를 겪게 되고, 이런 일련의 과정을 통해 지적 수준과 의식수준이 조금씩 상승한다.

우리는 어떤 행동을 하기 위해 결단을 할 때 이상하게 감이 잡히지 않는 경우가 종종 있고, 그 상황에 처하면 자기 행동에 대한 결과 값을 예측하기 어려워서 불안한 경우가 있다.

가령 조직이나 그룹에서 최근 흐름과 다른 돌발적인 상황에 처해 새로이 사업방향을 수정해야 할 경우, 주로 리더들이 많이 겪는 상황인데 첨예하게 내적 갈등을 하고 스트레스가 쌓여간다. 개인도 각자 자신이 계획한 방향과 다른 돌발적인 사건이 벌어질 때는 좀처럼 바른 결정을 내리기가 어렵다.

내가 한 행동의 결과 값을 예측하기 힘들 때는 나와 관련된 주변 상황을 샅샅이 살펴라! 최소한 3일 이상은 살펴야 한다. 3일 후에도 낌새가 이상하면 결정을 보류해라! 이후 현재 벌어진 일에 대해 심층적으로 분석해야 한다. 또한 어떤 일을 추진함에 있어서 계속 육감과 주변 환경들의 반응이 시원치 않다는 신호가 보일 때 무리하게 밀고 나가지 마라! 일단 정지하고 주변을 살피고 관찰해야 한다.

소신이란 당신이 한 행동의 결과 값이 70% 이상 예측될 때 밀고 나가는 것이다. 70% 이하로 떨어지면 일단 물러서라. 우리 인간이 벌이는 일이란 반드시 운의 흐름을 타게 되어있다는 사실을 잊지 마라.

흐름을 타지 못하면 오기로 자신의 에너지를 더 집중할 수는 있으나 첫 흐름이 약하면 일단 살펴야 한다. 다시 힘과 노력이라는 에너지를 넣었는데도 약하면, 바짝 신경을 곤두세우고 날카롭게 관찰하면서 지금 하는 일을 접을지 말지를 신속하게 결정해야 한다.

사업하는 자들도 보이지 않는 '신기'로 움직인다. 그래서 자신이 결정한 일과 행동이 미심쩍을 때는 주변을 살핀다. 악재가 터진 후 투자자들이 시장 반응을 보는 것도 이와 같은 이치이다.

일상생활의 예로 우리는 친구들 사이에서 과한 언행을 할 경우 친구들은 반드시 반응을 보인다. 그 반응을 보면서 자신의 행동에 대해 점검해야 하고, 다음 행동을 신중하게 처신해야 우스운 꼴을 당하지 않는다. 과하다는 것은 센 에너지를 상대에게 날린다는 뜻이다.

당신이 어디쯤 있는지 어디로 가고 있는지 도통 모를 경우, 주변을 살펴보면 그 속에 많은 시그널들이 당신을 향해 보여주고 있다는 것을 알 수 있다. 그것은 현재 자신의 주변(부모님, 친구, 지인, 직장동료 등의 반응)을 살펴보면 자신이 제대로 가고 있는지 파악할 수 있다. 따라서 시장 반응을 살펴보듯 주변의 반응을 항상 살펴보라. 판단에 도움이 될 것이다. 당신의 주변 상황은 당신의 '지표'가 될 수 있다.

자신보다 급수 높은 사람에게 다가가는 방법

에너지는 섞여야 한다. 인간관계도 섞이고 흘러야 순환의 흐름이 생기면서 항상 생(生)하고 발전한다. 우리 인간은 하나의 에너지체로 서로의 에너지를 주고받으면서 진화 발전을 하게 되는데, 현재 대한민국의 부모들이 경제적 여건만 된다면 조기유학을 통해 자식들의 교육에 집중 하려는 것도 보다 나은 선진국의 교육을 통해 자식 대에 성공을 보기 위함이다.

한국이 아닌 보다 발전된 선진국에서 교육을 받는다는 것은 더 우월한 에너지 수혈을 받는 것과 같은 이치이며, 인간이라면 자기보다 나은 에너지를 찾게 되어있다. 또한 배우자를 자신보다 우월한 사람을 찾게 되는 것도 같은 연장선상의 일이며 이 흐름은 진화적 측면에서는 자연스러운 것이다.

현재 한국에서는 결혼과 관련하여 많은 문제들이 발생하고 있고, 여성들의 교육수준이 높아져서 상대 배우자를 보는 조건이 까다로워지고 있다. 이를 두고 많은 말들이 오고 가면서 남녀 성 대결로도 이어지는 모습을 보이고 있다.

나는 여성들의 눈이 높아지는 것에는 불만이 없다. 오히려 이것은 자연스럽고 당연한 흐름으로 본다. 비단 여성뿐만 아니라 남성도 배우자를 찾을 때 보다 우월한 여성을 찾으려고 하기 때문에 이것은 본능적인 현상으로 봐야 한다.

세상은 항상 변화하고 진화한다는 사실을 인지해야 한다. 내가 변하지 않으면 흐름을 탈 수가 없다. 결혼과 관련해서 젊은 친구들에게 조언하자면, 자신과 말이 통하는 사람과 결혼하라고 얘기해주고 싶다. 외적 조건이야 당신들이 알아서 판단하면 된다. 그러나 내적 조건에서는 상대와 나의 의식이 어느 정도 맞아야 한다.

이것을 확인하는 방법은 상대와 말이 잘 통하는가로 구분한다. 말이 잘 통하면 서로의 에너지는 순환된다. 에너지가 순환되지 않으면 보이지 않는 벽이 생기면서 각자 따로 놀게 된다. 이혼은 예정된 수순일 가능성이 높아져 간다.

20, 30대 친구들은 결혼할 때 차라리 '이혼은 언제 하는지?'부터 확인하고 결혼하는 것이 좋을지도 모른다. 자기 카르마와 인생 로드맵을 알고 덤벼야 이롭다. 모르고 살면 당할 때 그 충격파가 매우 크고, 자신의 잘못을 인지하지 못한 채 또다시 새로운 배우자를 찾으면서 동일한 반복을 겪게 될 확률이 높다.

이미 선진국에서는 결혼과 이혼의 반복이 일상화되었고 짧은 동거를 선호하면서 결혼에 대한 생각이 바뀌고 있다. 한국도 같은 진통을 겪고 있는 것으로 보인다. 어차피 인간은 다양한 경험을 통해 정보와 에너지를 받아들이면서 경험치가 축적되고 의식이 확장, 발전되기 때문에 현재 통용되는 개념이 미래에도 계속 이어진다는 것은 경직된 생각일 수 있다.

미래에는 서서히 결혼의 개념이 바뀌어야 하며 또한 바뀔 것으로 본다. 부부라는 개념이 '동지' 또는 '파트너'로서의 개념으로 바뀔 수밖에 없다. 인간 의식과 지적 수준이 올라가면 올라갈수록 나 자신을 중요시하지 번식에 집중하지 않기 때문이다. 앞으로는 결혼하여 대를 이어야 한다는 개념은 시간차를 두고 서서히 사라질 것으로 보인다. 이런 관념의 변화는 전체의식이 상당 부분 끌어올려져야 가능한데 사회가 어느 시점(특이점)을 넘어서는 순간 가속도가 붙어 지금보다 더 많은 의식상승이 이루어질 것이다. 따라서 지금의 시대는 많은 것을 경험하고 배우고 성취하는 데 집중해야 하며 각자의 영역에서 세상을 빛나게 살다 가야 한다.

자신보다 급수가 높은 사람에게 다가가려면

지금부터는 직설적으로 설명한다. 핵심적인 큰 줄기에 집중하고 나머지 곁가지는 각자 알아서 판단하길 바란다.

우연히 어느 모임에서 혹은 어느 조직에서 당신보다 나은 사람을 만났다고 치자. 나은 사람이란, 그 사람을 보는 순간 스스로 안다! 그런데 이상하게 그 사람에게 끌린다. 그리고 그 사람과 친하게 지내고 싶다는 생각이 들 수 있다. 문제는 여기에서 발생한다. 이른바 급수가 같고 에너지 레벨이 크게 차이가 나지 않는다면 쉽게 다가갈 수 있으나, 차이가 나면 문제는 달라진다.

좀 더 쉽게 가정을 하자. 마음에 드는 사람이 최고 학벌에 집안 좋고 외모도 뛰어나다고 치자(동성, 이성 포함). 그런데 객관적 지표로 그 사람에 비해 자신이 처지는 상황을 스스로 아는 순간 그 사람에게 다가가기란 참으로 어려운 일이다.

지금부터 자신보다 급수가 높은 사람에게 다가가는 방법을 설명할 테니 잘 기억하길 바란다.

1) 당신보다 급수가 높은 자에게 겸손하라!

자신보다 높은 급수의 사람에게 접근하기 위해서는 겸손해야 한다. 겸손하지 않으면 상대는 당신을 밀어낸다! 이것은 인간관계에서의 에너지 법칙이니 반드시 명심하길 바란다.

상대가 당신보다 정신적 물질적인 면에서 에너지가 우월하면 당신이 그냥 알아볼 수 있다. 당신이 피해의식으로 부정만 하지 않는다면. 사회란 당신이 생각하는 이상으로 실전적이며 치열하다. 철저하게 에너지 법칙에 의해 흘러간다.

자신보다 세고 강한 에너지를 가진 상대에게 접근할 수 있는 방법은 무조건 겸손해야 한다. 겸손이란 상대에게 과한 행동을 하지 않으면서 자연스럽게 들어갈 수 있는 최고의 접근 방법이니 꼭 기억했으면 좋겠다.

급수 높은 자는 처음 당신을 보았을 때 에너지 크기를 자연스럽게 체크하며, 당신도 마찬가지로 상대를 체크한다. 내셔널 지오그래픽에 나오는 동물들이 서로 서열을 가리는 것과 비슷한 방식이다.

이것은 각자 가진 에너지 차이를 통해 서열을 서로 구분하는 것이니 나의 글에 반발할 필요가 없다. 만약 반발한다면 당신이 못났기 때문이며 받아들이지 못하겠으면 당신의 힘을 키워라!

힘을 키우고 난 다음 에너지적 레벨이 상승하면 그때는 낮은 자들이 당신에게 다가오니, 우쭐대며 세상을 보지 말고 낮은 자들을 잘 이끌어주면 된다.

그러나 당신도 에너지가 강해지면 함부로 사람과 쉽게 친해질 수 없다는 사실을 곧 깨닫게 된다. 그리고 사람들을 구분 없이 당신의 에너지 권에 들일 수 없다는 사실도 알게 된다.

이것은 자기방어적 본능이자, 영역(에너지)에 대한 본능이니 명심해두면 이로울 것이다. 상대가 나에게 아무런 해를 끼치지 않고 나를 따르면서 겸손하면, 바로 그때 상대에게 나의 에너지를 내어줄 수 있다.

2) 당신보다 급수가 높은 자를 존중하라!

겸손 다음에는 '상대를 존중하는 것'이다. 이것은 당신보다 낮은 자에게도 적용되는 중요한 원칙이니 잘 기억하길 바란다.

좋은 에너지를 가진 사람과 교류하고 싶다면 반드시 그 상대를 존중해야 한다. 기운 좋고 에너지가 큰 사람을 움직이는 방법은 그 사람에게 겸손하고 지극히 존중하면, 자연스럽게 에너지를 내어주고 자신의 마음을 조금씩 열게 되어있다. 무례하게 들어가면 절대 당신에게 마음의 문을 열지 않는다.

3) 상대의 문제점을 찾지 말고
상대가 가지고 있는 힘과 에너지를 흡수하라!

사람이 완벽할 수는 없다. 저 사람은 돈도 많고 많이 배웠지만 성격과 인성에 문제가 많다고 비꼬는 사람들을 종종 볼 수 있는데 내가 한마디 하자면 문제없는 사람은 없다!

상대의 에너지와 그가 가지고 있는 좋은 면을 봐야지 왜 상대의 문제점과 약점을 보려 하는가? 당신은 문제가 없는 줄 아는가? 이것저것 다 따지면 당신은 절대 당신보다 나은 사람을 사귈 수 없다!

대한민국은 한국전쟁 이후 미국원조와 미국문화를 받아들였는데, 지금에 와서 판단하건대 미국문화라는 것이 무조건 절대 선이었는가? 미국문화는 모순도 가지고 있었지만 지구상에서 가장 발전된 문명이었다. 우월한 경제문화를 받아들이면서 나의 힘을 키우고 다시 모순점들을 해결해나가는 것이 진정한 자기혁신이다.

마찬가지로 나보다 외적으로나 경제적으로나 실력으로나 나은 사람을 보면, 그 사람의 모순을 지적하면서 공격하기보다는 그 사람이 가지고 있는 장점을 흡수하고 배우는 것이 중요하다.

지금 세상은 최상층부에서 최하층부까지 전 계층 모두가 모순의 시대에 살고 있다. 위는 위대로 모순을 가지고 있고, 아래는 아래대로 모순을 가지고 있다. 서로의 장점을 배우고 흡수하는 것이 각 계층이 가지고 있는 모순을 해결할 수 있는 원천적인 힘을 기르는 것이니, 잘난 사람을 괜히 질투하거나 시기하지 말고 잘 교류할 생각을 해야 한다.

4) 큰 에너지는 작은 에너지 기운의 성격과 특성을 살핀다

급수가 높은 사람은 낮은 사람을 처음 볼 때 상대의 성격과 특성을 살핀다. 이것은 상대가 자신에게 해가 되는지 이로운지 살펴보는 기본적인 자기방어이다. 따라서 자신보다 급이 높은 사람을 접할 때에는 언행을 분명하고 바르게 할 필요가 있다. 나의 첫 인상에 자신이 판단되어지는 경우는 허다하게 많다.

큰 에너지는 작은 에너지 자체를 정밀하게 살피고 분석할 수 있지만,

작은 에너지는 큰 에너지를 실체적으로 분석하고 살피는 것이 어렵다. 일종의 밀도와 크기 차이이다.

세상과 사물을 크게 보는 자와 작게 보는 자는 에너지 격차가 발생한다. 따라서 인간세상에서 계급과 신분질서는 자연스럽게 발생할 수밖에 없다. 자신이 낮거나 약하다고 판단되면 배우고 노력해서 급을 올려야만 한다.

5) 상대에게 배워라!

상대에게 겸손하고 존중하면서 들어가면 웬만하면 상대는 당신에게 에너지를 내어주는데, 항상 높은 레벨의 사람을 대할 때는 배운다는 자세로 임하면 무리가 없다.

친구라 하더라도 세월이 흐르면서 엄연히 급수 차이가 나면 그 친구와 더 이상 친분을 유지할 수 없는 것이 이 세상의 이치이다. 다들 많이 겪고 체험했을 것이다.

이런 경우 그 친구와 사이가 벌어졌다든지, 혹은 그 친구가 나를 멀리하여 등을 돌렸다고 생각할 수 있다. 그런데 냉정하게 분석해보면 친구는 총체적 수준이 올라가고 당신은 정체되어 있으니 만나면 재미가 없고 발전이 없으므로 상대가 떠나는 것이다.

마찬가지로 에너지가 큰 사람과 교류 할 때 겸손하고 존중하면서 항상 배우려고 노력해도, 일정 시간이 흘렀는데도 발전이 없다면 에너지 큰 사람 옆에 붙어있을 수 없다.

다시 말해 상대를 따라가려는 노력이 있어야 하고 또한 실질적인 변화, 발전을 해야 급수 높은 사람과 계속 교류할 수 있다. 인간이 하루 이틀도 아니고 계속 에너지를 받아먹기만 하고 발전이 없으면 누구라도 짜증나서 만나기가 싫은 법이다. 가르쳐주고 에너지를 주면 당사자가 발전하는 모습을 보여야 기쁨이 생기면서 에너지를 더 주고 싶은 법이다.

사람은 나보다 나은 사람과 교류하면서 진화 발전한다. 따라서 급수 높은 사람과는 될 수 있으면 무조건 교류하기를 나는 권한다. 급수 높은 자에게 다가가는 법을 정리하자면 다음과 같다.

– 겸손하라
– 존중하라
– 상대의 장점을 배운다는 생각으로 교류하라
– 상대의 모순은 알고는 있되 지적하지는 마라(당신도 모순이 많다)
– 상대의 생각과 에너지를 흡수하라

겸손하고 상대를 존중하면 어지간한 사람은 일단 문을 연다. 그러나 처음부터 활짝 여는 것이 아니라는 사실도 반드시 명심하길 바란다. 인간은 서서히 문을 연다. 급작스럽게 문을 열 경우 반드시 끝이 좋지 않다는 것을 기억하라! 이것은 각자 살다 보면 느낄 수 있으니 일단 기억해두고 있으면 나중에 도움이 될 것이다.

마지막으로 상대의 모순을 지적하지 말라고 한 이유를 명확하게 설명할 테니 오해 없길 바란다.

잘난 사람이든 못난 사람이든 누구나 모순을 가지고 있는데, 그 모순이 임계치를 넘어서면 스스로 그 화를 얻어맞게 되어있다. 스스로 화를 당하게 되는 것이 자연력의 법칙인데 굳이 당신이 오지랖 넓게 나서서 지적을 할 필요가 없다.

따라서 상대의 모순을 보지 말고 상대의 장점을 보라는 의미가 바로 여기에 있다.

겸손과 존중의 이유

'겸손하라는 것'과 '상대를 존중하라는 것'이 누구나 많이 들어왔던 진부한 내용일 수도 있다는 생각이 든다. 지금까지 살면서 나는 상대에게 겸손하는 것과 존중하는 것이 나에게 얼마나 중요하고 이로운지 처절하게 경험했다. 사실 이 글을 쓰기 전에 진부할 만한 겸손과 존중이라는 주제가 그렇게 내키지는 않았으나 겸손하고 존중하라는 나의 조언은 내가 겪은 경험이므로 젊은 친구들에게 꼭 필요할 것 같아 글을 적어본다.

현재 나의 경우를 보면 누군가를 만나면 상대의 태도를 유심히 지켜보게 된다. 상대가 일정 부분 보이지 않는 룰(예의)을 벗어나면 두 번 다시 그 사람을 만나지 않게 된다. 다음에 만나 봤자 나에게 이로울 것이 없다는 것을 알았기 때문이다. 방금 말은 의미가 있는 중요한 말이다.

그런데 상대가 겸손하고 사람을 존중하면 이상하게 눈길이 가게 된다. 그리고 그 사람에 대한 기억이 오래 남는다. 왜 그럴까? 겸손하고 사람을 존중하는 에너지 파장이 '상생'을 담고 있기 때문에 오래 기억이 남는 것이다. 너무나 단순한 원리이지만 쉽게 간과하는 내용이기도 하다.

나의 부모님도 예의범절을 가르쳤지만, 다른 보통의 부모님처럼 자세하게 원리적으로 설명 해주지 않으셨다. 그래서 지금 젊은 친구들처럼 강한 반발을 하기도 했었고, 내가 명확하게 이해되지 않으니 그 반발이 더욱 거센 적도 많았다.

"저 사람은 인간 같지도 않은데 왜 존중해야 합니까?"

요즘 개성이 강한 친구들이 자주 하는 말일 것이다. 그런데 나도 저런 소리를 한 적이 있었다. 내가 20대 때 누군가가 "저 사람이 왜 인간 같지 않은지 그 근본 이유를 진지하게 생각해본 적이 있느냐?"라는 충격적인 얘기를 해주었다면 내가 세상을 바라보는 시각이 좀 더 빨리 성숙해지지 않았을까 생각해본다.

모든 것에는 이유가 있고 인과가 있다. 키우던 개가 주인을 물 때도 반드시 이유가 있고, 멀쩡한 사람이 이상한 행동을 할 때도 반드시 이유가 존재한다. 특별한 이유 없이 이상한 짓을 하는 사람을 이해하지 못한다는 것은 어쩌면 당신이 무지하기 때문이다. 당신이 보기에 특별한 이유가 없어 보일 뿐이지 내부적으로 파고 들어가면 반드시 행위에 대한 이유가 존재한다.

인간 같지 않은 사람, 나보다 나이가 많아도 어른 짓을 하지 않는 사람을 내가 존중하지 않아서 그들이 나의 발목을 잡는 드라마틱한 경우가 종종 있었다. 나는 그 사람의 강렬한 단면만을 봤기 때문이고, 그 사람을 진지하게 대할 생각이 애초부터 없었기에 그들의 피해의식을 불러일으켰고 그 감정의 돌을 내가 맞았던 것이다. 환경과 트라우마나 기타 상처로 인한 행동반응은 정도의 차이는 있을지언정 누구나 가지고 있는 것인데 내가 간과한 것이다. 내가 사람과 사물에 대한 접근 방법이 애초 틀린 것이라는 걸 깨달았을 때 그 당시 꽤 많은 반성을 한 기억이 난다.

나는 20대 때 인간관계에서 실수를 한 적이 많았고 상대를 무시한 적도 많았다. 겸손과 존중은 내 마음에서 우러나와야 하는 것이지 억지로 하는 것은 '가식'이라고 생각했던 적도 있었다.

어쩌면 가식이 맞을 수도 있다. 그러나 그럴 때마다 누군가가 나에게 이치에 맞게 자세히 이해시켜줬더라면 내가 좀 더 세련되게 대인관계를 맺었을 것이다.

나는 나의 무지와 무식, 그리고 고집과 자만, 독선 때문에 스스로 화를 부르고 그 화를 여러 번 경험했다. 그 당시에는 내가 부른 결과임을 알지 못했고, 원인을 나 아닌 외부로 돌리면서 세상 탓과 사람 탓을 한 적이 있었다.

내가 무엇을 구하려고 하면 절대 거저 얻는 법이 없다는 것을 알아야 한다. 상대가 가진 유무형의 에너지를 내가 얻기 위해서는 반드시 상대에게 겸손하고 존중해야 한다.

좀 더 깊게 설명하면 '내가 가진 에너지가 약하니 저는 겸손합니다.'라고 상대에게 표시를 해줘야, 당신보다 급수가 높은 상대는 당신을 유심히 쳐다보게 된다. 그다음은 당신의 태도에 의해 결정되고 이쯤 되면 상대는 나에게 마음의 문을 열지 말지를 갈등하다 문제가 없으면 에너지를 내려준다. 상대방에게서 에너지를 받는 방법이 정말 쉽다. 그러나 나는 젊었을 때 아집과 왜곡된 자존심 때문에 그렇게 하지 못했다.

반대로 자신의 힘이 강하더라도 사람을 대할 때는 겸손해야 한다. 강자가 약자에게 먹힐 때에는 겸손하지 못한 오만 때문에 벌어진다. 겸손은 상대 존재를 인정해주는 하나의 인간관계 의식과도 같다. 내가 칼처럼 날카롭게 상대에게 다가가면 상대는 보호막을 친다. 사람에게 다가갈 때는 부드럽게 다가가고 아울러 겸손과 존중을 가지고 다가가는 것이다. 부드러운 에너지에 겸손과 존중을 담고 다가가면 그 어느 누구도 당신을 해할 사람은 없다.

단 한마디의 말로 상대를 무력화시키기도 하고 상대를 살리기도 한다. 그래서 위와 아래를 가릴 것 없이 상대에게 들어갈 때는 겸손과 존중으로 접근해야 한다.

요즘은 예전보다 더 개성 강한 친구들이 많은데 보이지 않는 적정선을 넘으면 싸가지가 없어 보일 수 있으니 그 경계를 명확하게 잘 구분하고 처신해야 한다. 사람은 자신의 기운과 개성을 드러낼 때와 그 장소를 명확하게 구분할 수 있다면 당신이 바로 상급이다.

스스로 겸손하지 못하면 상대에게 걸려든다

겸손에는 중요한 메커니즘이 있다. 에너지적 원리인데 사람들은 이것을 간과한다. 겸손은 상대에게 맞춰주는 것이 절대 아니다. 겸손은 자신에게 하는 것으로 자신을 살짝 낮추어 상대를 존중하는 것이다. 겸손하면 상대는 당신의 파장 속에 스며들듯 다가온다.

내가 에너지가 크든 작든 간에 나의 기운을 잘 모아서 통제하면 상대는 나를 기운적으로 부드럽게 느낀다. 물론 가식이 가미된 겸손은 해선 안 된다. 우리 인간 자체가 하나의 감각체(感覺體)라서 상대가 귀신같이 알아채기 때문이다. 이럴 경우 되지도 않는 겸손을 떨지 말고 차라리 가식으로 밀고 나가는 것이 좋다. 가식이 컨셉인 자는 귀엽기라도 하기 때문이다.

그러나 가식이 깃든 겸손을 떠는 자는 때로는 가증스럽다. 이 모든 것은 당신이 사람과 교류하면서 느낄 수 있는 것이니 스스로에게 겸손하면 상대의 에너지를 느낄 수 있다.

사람과 처음 교류할 때 스스로 겸손하라는 또 다른 의미는 당신의 기운을 잘 모으고, 마음을 차분히 유지하라는 것이다. 기운이 고요하고 잔잔한 호수와 같다면 상대가 던지는 파장을 당신은 아주 쉽게 감지할 수 있다. 잔잔한 호수에 돌을 던지면 물이 튀고 물보라가 일어나듯, 당신에게 들어오는 파장을 손쉽게 느낄 수가 있다. 이 수준에 다다르면 어지간해선 상대에게 걸려들지 않는다. 겸손의 최고 상태를 뜻한다.

겉으로 표시되지 않는 최고의 겸손 상태에서는 상대가 함부로 치고 들어오지 못하기 때문에 자연스러운 보호막이 생성된다. 에너지 보호막을 치는 원리를 이해하기 쉽게 알려줬으니 참고하면 분명 도움이 될 것이다.

정리하면 겸손은 상대를 맞춰주는 것이 아니라 스스로에게 겸손하는 것이며, 이는 곧 기운을 잘 정제하고 다듬어 사람을 대하라는 의미이다. 그러면 에너지는 물 흐르듯 순환되면서 상대를 이롭게 하고 상대도 당신을 이롭게 하는 상생의 에너지를 만들어낼 수 있다. 사람에게 다가갈 때는 바로 이렇게 다가가야 한다. 이것이 습관화가 되면 그 위력은 대단하다.

처음부터
솔직하게 말하는 것이 좋다

인간은 개인마다 처한 상황이라는 것이 있다. 자신이 처한 상황에는 남에게 얘기하기 어려운 것이 있고, 현재 하고 있는 일이나 공부 등의 문제가 진척이 되지 않을 경우 선뜻 그 내용을 말하기가 꺼려지는 것이 일반적이다. 여기까지는 젊은 친구들 모두가 공감하는 내용일 것이다.

그러나 훌륭한 대인관계를 유지하기 위해서는 상대가 묻는 질문에 치부를 숨기고자 하는 본능적인 행동은 할 수만 있다면 가급적 하지 않는 것이 이로울 때가 있다.

그 이유는 나도 이런 경험이 있었지만 치부나 혹은 말하기 꺼려지는 질문을 받았을 경우 방어적인 본능 내지는 자존심에 사실과는 다른 엉뚱한 말을 하기 쉽다. 이것이 나중에는 수습이 어려운 일로 번져나가는 경우가 가끔 있기 때문이다.

질문의 방향에 따라 결정되는 것이지만 원칙을 정해보면 나중에 사람들이 결국 알게 될 일과 결과에 대한 질문에는 어렵겠지만 처음부터 사실대로 얘기하면 그 이후가 너무나 편하고 좋다는 점이다.

예를 들어 회사에서 직장상사든 누구든 업무와 관련된 것이라면, 윗사람이 물으면 반드시 처음부터 솔직하게 말하는 것이 이롭다. 방금 말을 잘 이해하기 위해서는 조직이라는 수직관계의 특성을 잘 간파해야 하는데, 상사가 업무 진행 상황을 물을 때가 가장 중요하다.

당신의 답변으로 당신의 이미지 평가가 결정되기 때문인데, 상사는 말단에서부터 산전수전을 겪고 승진한 사람이며 업무에 대해서는 완전하게 파악하고 있는 사람이기 때문에 회피성 대답이나 거짓 혹은 애매한 답변을 할 경우, 바로 이어서 날아오는 상사의 말이 무엇이겠는지 한 번쯤은 생각을 해보아야 한다.

설사 상사가 당장 그 자리에서 당신의 애매한 답변 내지는 순간적인 거짓 답변에 뭐라고 하지 않아도, 상사는 자신과 직급이 같은 동료에게는 반드시 당신이라는 사람에 대해 평을 하게 되어있다.

회사라는 조직에 들어가면 직장상사가 하는 말을 유심히 잘 듣고 이해해야 하고, 업무와 관련되어 상대가 묻는 말에 가급적 숨기고자 하는 언행은 피해야 무리 없이 적응할 수 있다.

실력은 그다음이니 최소한 묻고 답하는 커뮤니케이션을 잘하면 당신은 직장생활에 필요한 기본기를 이미 갖춘 것이나 다름없으니, 윗사람이 묻는 말에 가급적 솔직하게 답변하는 것이 좋다.

그러나 업무적인 것이 아닌 자신의 사생활과 관련된 깊은 질문에는 분명하게 거절해야 한다. "그 질문은 사적이라서 답변 드리기가 좀 그렇습니다. 이해해주십시오!"라고 정중하게 답변하면, 어지간해서 두 번 다시 동일한 질문은 하지 않는다. 분명하게 거절의 의사를 밝혔기 때문이다.

사적인 질문은 감내할 수 있는 수준에서 혹은 밝혀도 되겠다는 수준에서 답변하면 되고, 이것을 제외하고 업무적인 일에서는 질문의 요점을 파악하고 솔직하게 답변하는 것이 이롭다.

직장에서는 커뮤니케이션만 잘해도 70%는 먹고 들어간다. 한국인들은 대인관계의 소통에 약하다. 그만큼 의사표시와 의사소통이 중요하다. 조직에서 일하다 보면 친해져서 각자의 개인사를 서로 공유할 수도 있는데, 이 경우 되돌릴 수 없는 거짓말을 하게 되는 경우가 많다.

주로 자존심과 연결되어 거짓말을 하는 경우가 대부분인데 자존심은 상하고 지기는 싫고, 이 경우 판단을 잘 해야 한다. 모든 거짓말의 대부분은 일시적 모면과 회피가 아니면 자존심 때문에 일어나는 경향이 많이 있기 때문이다. 당신이 스스로 자존심이 상하지 않으면 거짓을 얘기할 이유가 없다.

아울러 사실적인 대답이 화(禍)가 되어 돌아오는 경우도 많은데 말을 할 때는 그만큼 신중하라는 표시이기도 하다. 적정선의 답변이 중요하다는 의미이고, 답변 자체가 진실이라 하더라도 말이 화가 되어 돌아오는 경우를 피하려면, 그 자리의 분위기와 사람들의 성향을 파악하는 것이 먼저 우선이다.

이후 상대가 던지는 질문의 요지를 파악한다. 당신이 똑똑하다면 어느 자리에 가면 어떤 질문이 나올 것이라는 것쯤은 미리 예상하고 질문에 대한 답변을 준비해두는 것도 지혜이다. 나의 경우에는 예상 가능한 질문에 대한 답변을 미리 준비하는 습관이 있다.

남녀 간의 연애를 할 때도 허세와 자존심에 의한 거짓말이 나오게 될 확률이 높다. 상대의 기운과 수준이 당신보다 높을 경우, 당신이 상대보다 처지면 본능적으로 자존심이 발동되고 결국 주워 담을 수 없는 거짓말을 하게 되는데, 곰곰이 잘 생각해보라. 다른 것도 아니고 자존심 때문에 거짓말을 한다면 정말 어이없는 일이다. 조금은 힘들 수도 있겠지만 처음부터 솔직하게 얘기하면 그 결과의 양상은 어떨지 모르겠으나 분명한 것은 이후 그렇게 마음이 편할 수가 없다.

자존심은 일종의 자신의 보호막과 같다. 그러나 자존심이라는 보호막을 세게 치면 당신은 사람들과 제대로 교류를 할 수 없다는 사실도 명심해야 한다. 이 글을 보는 사람들 중 자존심이 세어서 대인관계가 어려운 사람들이 분명히 있을 것이라고 본다.

"당신이 부리는 자존심은 당신의 피해의식과 연결되어 있다는 것을 인정하는가?"

"그럼 자신만의 피해의식을 보호하기 위해 자존심이라는 보호막을 친다는 것도 인정하겠는가?"

"반대로 당신이 자존심이라는 보호막을 치면 당신을 바라보는 상대는 당신을 어떻게 생각하는지 단 한 번이라도 생각해본 적이 있는가?"

내가 단언하건대, 자존심을 부려서 거짓으로 답변하면, 아무것도 모르는 일반인도 당신 말의 어느 한 부분이 신뢰가 가지 않는다는 것을 직감적으로 느낀다. 할 수만 있다면 주워 담지 못할 말은 처음부터 하지 말아야 한다.

특히나 지기 싫은 자존심에서 나온 솔직하지 못한 말이라면 더더욱 하지 말아야 한다. 있는 그대로 솔직하게 자신을 인정하고 자존심이 아닌 사실 그대로 답하는 것이 좋다. 처음에는 힘들지만 이것도 이미지 설정을 하면서 연습하면 조금씩 나아진다.

또한 자존심이라는 실체를 시간 날 때마다 곰곰이 생각을 해보라! 자존심은 주로 피해의식과 연결되어 있다. 이 자존심이라는 것이 어디서 왔으며 언제부터 나에게 어떤 피해의식으로 자리를 잡았는지 머리를 써서 생각해야 한다.

상대보다 에너지 레벨이 처지면 자존심이 발동된다!
상대보다 실력이 없으면 자존심이 발동된다!
경쟁상대가 나와 힘이 비슷한 라이벌이면 자존심이 발동된다!

내 생각엔 자존심이 나오면 곧장 당신의 실력을 키우는 것을 권유하고 싶다. 실력이 떨어지면 왜곡된 자존심이 나오게 되고, 에너지 레벨이 상대보다 떨어져도 자존심이 나오게 된다. 자신의 현 위치를 다시 한 번 살펴보고 어떻게 처신해야 하는지를 숙고해보면 많은 도움이 된다.

나 자신도 마찬가지지만 쓸데없는 자존심으로 수습할 수 없는 거짓말을 하지 않는 것이 이롭다. 감정적인 자존심을 한번 부리면 대체로 수습 불가능한 말을 내뱉기가 쉽다.

상대가 바보가 아닌 이상 우리 인간의 몸은 하나의 감각체이기 때문에 거짓말은 웬만하면 다 알아차릴 수 있고, 당장은 상대를 속일 수 있을지는 모르겠으나 시간이 지나면 들통 난다.

가장 좋은 것은 상대가 물을 때 찰나에 그 질문의 성격과 방향을 파악하고, 처음부터 솔직하게 답변하는 것이 좋다. 그 자리에서 답변하기가 곤란하면 정중히 거절 의사를 밝혀야 무리가 없다.

따라서 처음부터 솔직하게 답변하고, 가급적 자존심에 나오는 답변은 피하고, 질문에 답변하기가 참 곤란할 경우 차라리 답변을 하지 않거나 정중하게 거부하는 것이 좋다.

우리 모두는 피해의식으로 자존심이 발동되어 담을 수 없는 얘기를 함부로 내뱉어서는 안 된다. 훗날 칼이 되어 돌아올 수 있기 때문이다. 당장은 상대를 속였을지라도 나중에 반드시 화(禍)가 되어 돌아온다는 것을 알아야 한다.

그때는 감당할 수 없는 자업자득을 당하는 것이니, 그때도 또 한 번 거짓말을 하면 당신은 망가진다. 당신이 망가지는 순간부터는 주변 사람들이 당신을 멀리하게 되고, 당신은 문제가 상당히 많은 인간이 된다. 대인관계에서 문제가 많으면 주변 사람들이나 윗사람에게 아량을 기대할 수 없다!

주변 사람들은 항상 당신의 언행에 반응한다. 대개 바른 분별력으로 사람을 진실하게 대하면 사람들도 당신을 진실하게 대하며, 사람을 거짓으로 대하면 시간이 지나 사람들도 거짓으로 대한다. 그래서 남 탓을 하지 말라고 강조하는 것이다. 당신의 행동에 대한 결과 값은 바로 남들이 당신을 대하는 반응이다.

자존심은 실력으로 극복해야 한다

나는 사람들이 카르마에 의해 힘들어하는 모습을 보면 안타깝다. 이런 감정이 드는 것은 나 또한 카르마(Karma)를 극렬하게 겪었기 때문인데 자신의 카르마를 알고 차원을 지배하는 자연력을 이해하면 인생을 나아가는 것이 한층 더 쉽다.

상류층이든, 중류층이든, 하류층이든 간에 각자의 카르마가 본격적으로 몰아치면, 사람이 극한까지 빠져 들어가고, 이 과정에서 강한 변성(變性)이 일어난다. 변성의 고통은 이루 말할 수 없고, 저항하면 할수록 고통의 강도는 세어진다.

부자들은 돈이 많아서 아파봤자 얼마나 아프겠냐고 항변할 수 있겠지만, 카르마의 고통 강도는 위와 아래를 가리지 않고 동일하다. 없는 사람들은 가난하기 때문에 더더욱 그들의 카르마가 절절하게 다가온다.

나는 계층을 떠나 각자의 카르마가 얼마나 고되고 힘든지 잘 안다. 잘 살고 못 살고를 떠나서 카르마의 실체와 그 힘을 알기 때문에 카르마에서 오는 고통을 조금은 이해할 수 있는 것 같다.

이번 글은 부유하거나 혹은 좋은 학벌에 잘 나가는 친구들을 위한 글이 아니라 이제 막 사회에 진출하여 치고 올라가려 애쓰는 젊은 친구들을 위한 글이다. 내가 '급수가 낮은 자'란 표현을 자주 쓰는데, 이 말에 거부감이 드는 사람도 분명 있을 것이라고 생각되나 냉정하게 자신의 현 위치를 살펴볼 수 있다면 받아들여야 한다.

우리 인간이 진화를 위해 위로 올라가려는 본능적 심리가 있다는 전제를 깔면, 높은 레벨의 사람도 있고 낮은 레벨의 사람도 있는 것임으로 '급수가 낮다'는 말이 냉정한 표현이지만, 그래도 이 말의 현실을 받아들이고 위로 치고 올라가려는 노력을 해야 한다.

현재 자신의 처지가 힘든 젊은 친구들이 있다면, 내가 겪은 실전적 경험을 기반으로 작성한 내용이니 참고해두면 조금이라도 도움이 될 것이다.

"자존심이 상한다는 것은 내가 약하다는 증거이다!"

우리 인간은 살아가면서 많은 사람들과 교류하는데 이 과정에서 다양한 사건과 사고, 사연들이 일어나게 된다. 이것은 사람과 사람끼리의 에너지 교류로 인한 결과물들인데, 충돌 과정에서 나오는 특징적인 감정 결과물인 '자존심'에 대해 설명하려 한다.

우리 인간은 상대에게 자존심이 상할 때는 대체로 상대보다 기운이 약한 경우가 많다. 만약 당신의 기운이 상대보다 강한데 상대가 자존심을 건드릴 경우, 상대의 기운이 상승 중이라서 치고 들어오는 것, 즉 도전으로 이해하여야 한다.

만약 이것이 아니라면 상대의 감정을 나쁘게 한 적이 있어 그 원한으로 상대가 자존심을 건들면서 공격하는 것으로 이해하면 된다.

급수가 낮은 친구들은 어릴 때부터 자신보다 잘 사는 친구와 비교하거나 비교당하는 체험을 많이 겪는다. 잘 사는 친구가 자기에게 뭐라고 얘기하지 않아도 스스로 초라해서 자존심이 상하고, 혹은 못 사는 것에 대한 그들의 핀잔 때문에 자존심이 상하게 된다. 자존심이 심하게 손상되면 분노가 나오고, 분노가 지나치면 열등감으로 전이되며, 열등감이 지나치면 '피해의식'으로 고착화된다.

분명하게 알아두어야 할 것이 있다. 외형적인 조건(가정형편, 성적, 외모 등)에 의해 자존심이 상할 경우 상대보다 에너지가 약하다는 것을 스스로 인정해야 한다! 집안이 못 사는 것은 지금 현재 당신의 집안 기운이 약하다는 뜻이다.

공부를 못하는 것은 현재 학생 신분으로서 에너지가 약하다는 뜻이다. 자신감이 없는 것도 에너지가 약하다는 뜻이다. 외모에 자신감이 없는 것은 그조차 자신감 결여로 이어지니 에너지 수축을 초래하므로 에너지가 약하다는 뜻이다.

급수가 낮은 젊은 친구들에게 좀 더 직설적으로 얘길 한다면 잘 살고 공부 잘하는 친구들이 당신보다 에너지가 더 크다! 만약 외형적인 조건에 자존심이 상한다면 당신보다 나은 친구를 시기하거나 질투하거나 경멸하지 말고 당신의 실력을 키워라!

반드시 당신의 실력을 키워야 한다.

우리가 사는 이 지구는 상대적인 세계라서 나 아닌 다른 이를 보면서 현재 나의 상태를 확인하는 특징이 있다. 누군가에게 자존심이 상한다면 당신의 실력을 키우라는 표식이다.

자존심이 상해 자신에게 너무 화가 나고, 우리 집은 왜 이런지 부모에게도 화가 난다면, 상대에게 칼끝을 절대 겨누지 말고, 스스로에게 칼을 겨누어야 한다!

자신에게 칼을 겨누고 노력하고 발전하라는 시그널이 바로 당신의 자존심이다. 당신보다 나은 사람들을 보면 올라가라는 신호로 판단하고, 현재의 상황에서 실력을 키울 생각을 해야 한다. 따라서 자존심이 상하면 무조건 실력으로 극복해야 한다.

상한 자존심을 실력으로 극복하는 것만이 바른 처신이자 당신이 나아갈 길이며, 상대가 보여주는 그 어떤 종류의 우월은 당신이 아직 힘이 없다는 것을 확인시켜준 것일 뿐이다.

다른 말로 자극을 준 셈이니 자극을 받아 어디로 가야 할지 방향을 정하고, 최선을 다해 당신의 실력을 키우면 자존심이 상하는 일은 현저하게 줄어든다.

상대를 넘는다는 것은 경쟁을 뜻하는 것이 아니라 상대를 보면서 자극받아 정신적, 물질적으로 성장하고 상승하라는 뜻이니 자존심이 상하거든 정신 바짝 차리고 실력을 키워야 한다.

어리석은 고집은
자신의 몸과 마음을 상하게 한다

자연은 항상 변화한다. 자연 속에 사는 우리 인간도 매순간 변화해야 한다. 인간이 변화한다는 것은 정신적, 물질적으로 진화하는 것을 뜻한다. 그러나 우리 인간은 각자 자신만의 고집 때문에 변화가 그리 쉬운 것은 아니다.

현실의 삶은 녹록지 않고 사회생활을 하면서 우리 모두는 항상 특정 사건과 상황에 따라 반응하며 빨려 들어간다. 설령 자신이 원하지 않더라도 어떤 일과 사건 등의 전개과정에 개입되면서 반강제적인 자기 환경의 변화를 맞는다.

각자에게 닥친 상황과 환경이 결국 사람을 변화시키지만, 그것은 외부에서 들어오는 에너지이므로 스스로 변화하는 힘은 아니다. 인간은 스스로 변화하는 것이 아니라 자신을 둘러싼 외부환경의 변수에 의해 1차 변화가 시작된다.

우리 인간은 고집을 부리다가 외부에서 오는 힘의 저항력에 의해 고집을 꺾게 되고 자신과 세상의 접점을 찾게 된다. 고집을 꺾지 않으면 자기 자신과 주변을 치면서 고집을 꺾도록 에너지 흐름이 유도되기 때문에 배신을 당하거나 건강을 상하게 하거나 혹은 돈이 빠져나가게 하면서 자신이 하고 있는 일의 흐름을 막아버린다. 자연력이 당신의 행위에 대한 반응으로 작용하는 일이다.

현재 자신의 일이 잘 풀리지 않는 사람은 아직 그 일에 대한 문제 해결 능력이 부족하다는 뜻이다. 문제 해결 능력이 없으면 결국 무리수가 따르면서 안 좋은 결과를 고스란히 맞게 된다.

이 경우 자신이 어느 특정 부분에서 고집을 부리고 있는 것은 아닌지 살펴보는 것이 1순위이고, 자신과 연관된 주변을 살펴보는 것이 2순위이다.

좀 더 냉정하게 말하면 본인 스스로는 앞으로 일의 결과가 좋지 않으리라는 것을 본능적으로 직감하고 있다. 다만 인정하지 못하고 계속 잘못된 고집을 부리고 있는 것일 뿐이다.

일이 뜻대로 되지 않는다는 것을 알면서도 고집을 부리면 처절하게 얻어맞게 된다. 체험의 회초리는 매섭기 때문에 사람을 반강제적으로 변화시킨다. 그래도 저항하면 몸과 건강을 치면서 사람을 드러눕게 만든다. 이렇게 원리적으로 설명해줘도 못 알아듣고 고집 부리는 사람들이 분명 있다.

크게 보면 고집이 센 사람은 대체로 기가 센 경향이 있다. 이런 사람이 올바른 변성(變性)의 과정을 겪으면서 의식이 변화하면 크게 깨달을 수 있고, 자신의 에너지가 더욱 세련되고 탄탄해질 수 있는 가능성이 높다.

지구에 사는 사람이라면 누구나 변화를 맞이하고 변화할 수밖에 없다. 자신의 고집은 잘 쓰면 자기 변성의 속도를 높이지만, 상황변화를 알아차리지 못하고 제자리에 머물려고 하면 그 고집이 자신을 치게 된다.

고집을 유연하게 활용하는 방법은 항상 새로운 정보를 받아들이고, 주변 상황을 잘 살펴보고, 자신에게 가장 이로운 것을 선택하는 습관을 들이는 것이다. 좀 더 나은 삶을 누리고자 한다면 오래된 관념과 낡은 습관은 버려야만 한다. 변화는 이 작은 것부터 시작된다.

자존심이 너무 세면 반드시 대인관계에서 문제가 생긴다

자존심이 너무 세면 대인관계에서 문제가 발생한다. 자존심은 자의식이 강하다는 것인데, 자의식이 너무 강하면 다른 사람과 어울릴 수 없다. 따라서 혼자 지내야 하는 상황이 벌어진다. 이런 이유로 자존심이 강한 사람들은 주로 외롭다.

우리 인간은 서로 다른 인간을 만나면서 변화, 충돌, 발전을 겪으며 의식이 성숙된다. 그런데 자존심이 너무 세면 이 자체가 이루어지지 않는다. 또한 스스로의 고립을 자초하게 된다.

만약 자신이 자존심이 세다면 자존심이 센 만큼 남들을 존중해줄 필요가 있다. 이 간단한 이치를 이해하지 못하면 최악의 대인관계를 가질 수밖에 없다. 오래전 나는 이것을 이해하지 못했다.

기본적인 대인관계를 잘 하지 못하면 상대기운을 흡수하지 못하여 자신의 에너지는 정체되고, 정체된 에너지는 정확히 얼굴에 그대로 드러나게 된다. 뭔가 불만이 강한 표정과 상대방을 불안정하게 만드는 기운이 나온다. 그러면 사람들은 당신을 멀리하게 된다.

가령 사람을 만났는데 그 사람이 기운이 좋다면, 헤어지고 난 뒤 또 다시 만나고 싶어진다. 좋은 기운은 사람을 당기는 매력이 있기 때문이고 이것은 본능적으로 일어나는 일이다. 자존심이 센 사람들의 주요 특징 중 하나는 자기 스스로 철벽을 친다는 점이다. 철벽을 치면 다른 사람이 쉽게 들어오지 못하고, 에너지는 순환하지 못해 정체되어 고립화가 진행된다.

따라서 자존심 센 사람은 자신의 기운을 잘 제어해야 하는데 이것이 말처럼 쉽지 않다. 쉽지 않은 일이기에 자신을 변성하러 지구에 태어난 것이다. 자신이 변화하지 않으면 반드시 외부에서 충격파가 치고 들어와 변화를 유도한다. 이것이 인생살이의 핵심이다.

인간 세상에서 일을 진행하기 위해서는 서로 협력하고 알아가는 과정이 필요하다. 그렇게 하기 위해서는 상대를 이해하는 힘을 가져야 한다. 자존심이 너무 세면 상대를 이해하기보다는 자신의 감정에만 더 치우쳐 상대를 무시하게 된다. 아무리 기운이 작은 사람이라고 해도 무시를 당하면 두고두고 저주를 퍼붓는다. 자존심 강한 사람이 이런 식으로 사람들에게 조금씩 배척을 받는 것이다.

만약 자존심 강한 사람이 그 자존심을 유연하게 잘 쓰려면 일단 자신이 하고 있는 일에서 실력을 갖추어야 하고, 그다음은 상대를 파악하는 힘과 상대를 이해할 수 있는 힘을 가져야 한다. 상대방을 파악하고 이해하면 상대의 행동들이 이해되고 너그러워지면서 상대를 움직일 수 있기 때문이다.

사람을 움직일 수 있다는 것은 사람의 마음을 이해할 수 있다는 것으로, 사람의 마음을 이해하고 얻지 못하면 사람들과 좋은 관계를 유지할 수 없다. 따라서 자존심이 센 사람은 그 센 자존심만큼 처신을 잘해야 한다. 상대를 파악하고 이해할 수 있는 힘도 없으면서 함부로 자존심을 부리면, 쥐뿔도 없으면서 자존심만 살아있다는 비난을 듣게 된다.

자존심이 세다는 것은 자의식의 자력이 세다는 것과 같다. 스스로의 기운이 세고 강하면 상대를 누르려는 본능이 나오게 된다. 그러면 상대방과 좋은 관계를 유지할 수 없다. 좋은 대인관계는 상대를 이해하는 것이다. 상대를 이해하면 자신의 자존심과 기운을 함부로 쓰지 못한다.

우리 인간은 또 다른 인간을 통해 배운다. 사람이 나를 변성하게 만들고 사람이 나를 죽이고 살린다. 나의 주변 사람들은 철저하게 나의 행동에 따라 반응한다. 자존심이 센 만큼 의식이 높아져야 한다. 그렇지 않으면 사회생활이 매우 어려울 수도 있다.

현재의 환경은 자신이 불러들인 것이다

자신에게 벌어지고 있는 어려움은 기본적으로 자신의 책임이다.

나 아닌 다른 사람과 엮였다고 하더라도 최초 엮여 들어간 자신의 잘못도 있기 때문에 현재 자신에게 다가온 어려움은 본인 잘못이다.

자신의 문제점을 파악할 때 제일 먼저 해야 하는 일은 내가 겪고 있는 일이 대체 어디서부터 잘못되었는지 살펴보아야 한다. 자신의 일이 풀리지 않거나 어려움을 겪는 사람들은 처음부터 자기만의 착각과 욕심 때문에 오판하고 들어간다. 따라서 현재 자신이 겪고 있는 어려움에는 자신의 '무지'가 반드시 포함되어 있다.

일부 사람들은 자신에게 벌어진 어려움을 처음부터 끝까지 남 탓을 하고 들어간다. 내가 판단하기에는 문제의 원인을 찾는 데 익숙하지 않은 사람들이 남 탓을 하는 것 같고 이것은 자기방어적 본능에서 나온다. 그러나 조금만 시간을 두고 분석을 해보면 자신 탓도 있음을 이해할 수 있다. 자신의 문제점을 분석할 줄 안다는 것은 지적수준이 높다는 것을 의미한다.

반면 태어날 때부터 가정환경이 좋지 않은 사람의 경우, 불우한 환경이 부모 때문인지 혹은 본인이 불러들인 환경인지 의문을 품는 사람들이 있을 것이다. 그러나 불우한 가정환경은 철저하게 본인이 불러들인 환경이다. 불우한 가정에서 태어났다는 것은 이번 생에 태어난 자신의 에너지 수준이 정확히 그 정도이기 때문이다. 같은 카르마는 서로 당기고, 비슷한 기운은 뭉치려고 하는 속성으로 지금의 부모 밑에 태어난 것이다. 태어날 때부터 불우하다는 것은 이번 생에는 출발선이 밑에서 다시 시작해 올라가라는 뜻으로 자신이 축적한 정보만큼 환경이 조성된다.

못난 외모, 불우한 가정과 부모를 둔 사람들이 기억해야 할 것은 비슷한 부류들이 혈연으로 가족화되는 원리를 이해해야 한다. 즉 당신과 당신의 부모는 비슷한 부류라는 뜻이다. 단지 자식인 당신이 부모보다 조금 더 나을 뿐이다. 여기서 조금 더 낫다는 것은 부모의 어린 시절보다 발전된 사회 환경을 안고 시작한다는 점이다.

반대로 무난한 가정환경과 평균적인 외모를 가진 사람은 이전까지 축적된 정보 자체가 큰 굴곡 없이 살아왔다는 것으로, 모난 행동과 자연력에 반하는 언행, 남에게 피해를 주는 일들을 상대적으로 많이 하지 않았다는 방증이다.

이 지구가 모든 것이 허용된 듯 보여도 자신이 한 행동에 대한 결과는 축적되어 반드시 받게 되어있다. 따라서 그 사람이 가지고 온 이번 생의 운명에는 그가 이전에 어떻게 살았는지를 최대한 간접적으로 보여준다.

예를 들어 얼굴이 굉장히 못난 사람은 어느 시점에 강한 외부자극을 받은 적이 있고, 그 결과 일그러지고 수축된 외모를 갖고 태어난다는 광의적 개념을 이해하면 자신의 인생을 살펴보는 데 도움이 된다. 이것은 다른 말로 얼굴 관상 속에 그 사람의 모든 것이 들어있다는 개념과도 같다.

현재 자신의 모든 것은 이전 정보의 결과 값이다. 그것이 부모든, 가정환경이든, 외모든, 국적이든 간에 가리지 않고 축적된 과거의 정보에 대한 결과로서 현재의 내가 존재한다. 따라서 자신을 바꾸려거든 매사 바르게 처신해야 하고, 인간관계에서 나오는 보이지 않는 원리들을 반드시 이해해야 한다.

가령 남을 비판하거나 비난하는 것은 당신들의 자유이다. 그러나 이번 생에 한 번쯤은 역으로 당신도 비판과 비난의 대상이 되는 포지션에 설 수 있다는 가능성도 알아야 한다.

변화라는 것은 자신이 경험한 모든 것을 통해 보다 더 올바른 처신을 하는데 그 핵심이 있다.

바르게 행동하면 기운이 역행하지 않아 자신의 얼굴이 편안해지고 하는 일이 순리대로 풀려나간다. 그러나 이것은 왜곡된 인간 욕망이라는 것이 가로막고 있기 때문에 쉽지 않은 일이다.

현재 자신의 환경이 좋지 못하거나 불우한 젊은이들이 있다면 먼저 자신의 인생에 대해 철학적으로 접근해보길 바란다. 크게 생각하지 못하고, 지금 처한 상황을 놓고 자기 자신을 책망하거나 원망하면 절대 인생이 나아지지 않는다. 최소한 내가 왜 지금 부모 밑에 태어났을까? 정도의 의문은 가져보아야 한다.

현재 내가 마주한 어려운 상황이 있다면 그것은 본질적으로 자신이 만든 것이고, 그밖에 영향을 끼칠 요인은 나 아닌 다른 사람들과 기타 사회적 사건들이다. 그러나 본질의 주체를 놓고 본다면 철저하게 자신의 생각과 선택에 따라 지금의 환경이 만들어진다.

외부에서 강한 자극과 사건이 들어온다 하더라도 그것을 어떻게 받아들이고 처리하느냐에 따라 내 삶은 달라진다. 그 과정에서 인간의식이 높아져 가거나 혹은 퇴보하게 되고, 이런 정보의 흔적들이 정확히 현재의 나에게 지적수준, 인연, 가정환경 등으로 투영되어 있는 것이다.

운명을 보려거든 자신의 카르마를 보라

우리 인간의 운명은 각자의 카르마(karma)를 중심으로 삶이 펼쳐져 나간다. 어떤 카르마인가에 따라 그 사람의 성격과 성향에 영향을 미치고 앞으로 겪게 될 체험들을 간접적으로 엿볼 수 있다. 이전 생까지 자신이 어떻게 살아왔는가?에 대한 정보는 탄생 환경과 카르마 속에 녹아있다. 더불어 앞으로 만나게 될 인연도 중요하다.

태어나서 지금까지 자신이 어떤 사람들을 만나왔는지는 자기 자신을 분석함에 있어서 매우 중요한 자료가 된다. 세상을 무작정 사는 것이 아니라 유심히 관찰해보면 보이지 않는 원리와 법칙에 의해 움직이는 것을 알 수 있다.

각자 시간이 날 때 지금까지 자신과 인연된 사람들을 학력, 재산, 가정환경, 지역, 직업별로 데이터화해서 분석해보면 자신을 이해하는데 많은 도움이 될 수 있다. 내가 만난 사람들의 신분이 나의 위치를 가늠하는데 많은 정보를 줄 수 있기 때문이다.

업보(業報) 혹은 업력(業力)라는 말이 있다. 다른 표현으로는 카르마(karma)인데 자신의 행위에 대한 과보를 뜻하고, 이전까지 살아왔던 정보들은 업보, 즉 카르마를 통해 발현된다.

인간 운명과 세상을 움직이게 하는 개인 카르마와 국가 및 지구 전체 카르마를 이해하는 것은 매우 중요하고, 자신의 의식을 높이는데 결정적인 요인이 될 수 있다.

카르마를 이해하지 못하면 사회에서 일어나는 사건, 사고에 대한 근본적인 인과관계를 이해할 수 없고, 또한 그 해결책은 나올 수가 없으며, 단순히 결과 중심의 판단만을 하게 되어 눈에 보이는 대로 판단하고 움직이게 된다. 그렇게 되면 사람은 정확한 분별을 할 수 없게 되어 감정적인 결정을 내리게 되고, 자신의 운명은 점점 위축되어 망가지기 시작한다. 이런 사람들은 지금도 뉴스에 많이 나오고 앞으로도 계속 나올 것이다.

자신이 이번 생에서 가장 괴로워하고 콤플렉스가 되는 문제가 있다면, 그것이 바로 자신의 카르마이거나 카르마에서 비롯되었을 가능성이 매우 높다.

예를 들어 어릴 때부터 부모 때문에 마음이 괴로운 사람은 부모와 관련된 카르마일 가능성이 높고, 친구와 사람들과의 관계에서 어려움을 느껴 트라우마가 생겼다면, 대인관계와 관련된 카르마일 가능성이 높다. 전자는 부모와의 관계성을 통해 깨달음을 얻고, 후자는 사람들과의 관계성에서 깨달음을 얻는 과정이 설정되어 있다. 부모 카르마와 대인 관계 카르마는 연결성이 있다.

카르마를 풀어내는 과정에서는 많은 정신적, 육체적 고통과 어려움이 따르고, 급기야 대인관계에서 급격한 충돌과 위축이 발생하게 된다.

때론 증오와 원망이 교차하면서 자신의 생각을 서서히 붕괴시켜나가게 만드는 것이 카르마이며 심하면 고립화가 시작된다. 고립화는 가족 및 사람들과 전혀 어울리지 못하고 단절 내지는 스스로 숨어버리는 것을 의미한다.

살면서 가장 힘들어하고 여태까지 풀지 못한 문제가 있다면 그 부분에 자신의 카르마가 개입되어 있다는 것을 꼭 기억해두길 바란다. 자신만의 엉켜있던 정보들을 바르게 나열하여 풀어내는 것이 카르마를 해결하는 것이며, 그 과정에서 각자만의 깨달음이 주어지고, 이런 순환적 반복을 통해 사람의 의식은 높아지게 된다. 개인의 문제를 풀어내면서 스스로 발전하고 아울러 전체의 문제에 접근하여 그 해법을 찾아가는 것이 진화이다.

카르마는 지금까지 자신이 살아온 큰 흔적이자 정보이다. 그 흔적에는 빛과 어둠과 같은 양극성을 중심으로 자신의 행동이 남에게 이로움을 주었다면 이번 생에 특정 영역에서 긍정적인 운(運)으로 세팅되고, 만약 남에게 해로움을 주었다면 사람 즉 인연을 통해 깨달음의 체험이 세팅된다.

따라서 현재 자신의 모습 속에서 기억나지 않는 과거의 흔적을 미세하게나마 엿볼 수가 있고, 이것이 각자 운명의 보이지 않는 구성요소로 설정되어 지구에 태어나는 것이다. 이런 원리로 사람들을 살펴보면 이전과는 다른 시각을 갖게 되고, 상대를 파악하면 상대의 마음을 움직일 수 있고, 상대와 진실한 교류도 할 수 있게 된다.

사람이 사람을 모르면 절대 사람의 마음을 움직일 수가 없다. 다시 말해 상대에 대한 내면 정보를 알지 못하면 그 사람을 완전히 안다라고 할 수 없으므로 상대와 원활한 교류를 할 수 없다. 인간은 상대방이 자신을 이해하고 알아주지 않으면 강압적인 힘에 의해 움직여질 수는 있어도 마음은 내어주지 않는다.

우리가 어떤 일을 하든 간에 그 일을 성공적으로 이끌기 위해서는 그 일에 대한 모든 면들을 미리 살피고 파악하는 것이 우선이듯, 자신의 인생을 잘 가꾸어 나가기 위해서는 자기 자신을 해부하듯 파악하는 것이 중요할 것이다.

자신의 카르마가 무엇인지, 그 카르마 속에서 자신이 이번 생에 느끼고 체험해서 배워야 하는 것이 무엇인지 이해하고 알게 된다면 인생을 보다 더 수월하게 살 수 있을 것으로 확신한다.

카르마는 각자의 약점과 콤플렉스로 드러난다. 자신의 운명을 알려거든 자신의 카르마(karma) 즉 업보(業報)가 무엇인지 한 번쯤은 살펴보고 확인해보면 이번 생에서의 운명방향이 어떤 식으로 설정되어 있는지 큰 그림으로 이해할 수 있다.

이런 인지의 과정은 사람의 의식수준을 보다 상승시키며, 서로를 이해하면서 각자의 카르마를 넘으면 우리는 새로운 전체의식과 만나게 된다. 지구 역사는 이런 일련의 과정을 반복하면서 발전해왔다.

자기 인생이 궁금하다면 자기 자신을 해부하듯 파악해야 하고, 그 속에서 자신만의 장단점과 카르마를 인지해야만 한다.

내가 나 자신을 모를 때는 이미 머릿속의 정보들이 엉켜있다는 증거이다. 트래픽이 걸리듯이 자꾸 에너지 흐름이 끊어지면 그때부터 운의 하강은 시작된다. 엉킨 것을 다시 풀 수 있는 실마리에는 나만의 주요한 정보 즉 카르마(karma)가 존재한다.

원래 잘났으면 잘난 척하지 마라

요즘에는 잘난 사람들이 참 많은 것 같다. 한편으론 그만큼 사회가 발전되었다는 뜻이며 문화와 문명이 흥하면 많은 인재들이 쏟아져 나오는데 그 영향 때문인지 사회 곳곳에서 잘난 사람들이 눈에 참 많이 띈다.

자연력(自然力)의 질서적 측면에서 보자면 위가 있으면 아래가 있고, 다양성 측면에서 보자면 크고 좋은 에너지가 있으면 작고 왜소한 에너지도 있는 것처럼, 인간 세상도 잘난 사람이 있으면 못난 사람도 있고, 또 중간인 사람도 존재한다.

거리를 지나가거나 혹은 식당이나 사람이 모이는 곳에 가면 눈에 띄는 젊은 친구들이 제법 많다. 내가 보기에 잘나 보여서 지나가다가 시선에 들어오는 것인데, 속으로 '그 친구 참 잘났네!'라는 생각이 들면서 나도 모르게 호감이라는 것이 생겨난다.

그런데 그들이 말하거나 행동하는 것을 보고 이내 실망하는 경우도 종종 있다. 처음에는 잘나 보여서 호감의 감정이 생겼다가 말하고 행동하는 것이 좀 전의 호감과는 다른 반전을 확인하는 순간 나도 모르게 그 호감을 밀어낸다.

우리 인간은 가장 안정된 상태에서는 적의를 품지 않고 상대방을 부드럽게 받아들이게 되는데, 상대의 말하는 모양이나 행동이 자신의 안정된 상태를 이탈시키는 순간 불안함을 느끼고 강하게 상대를 밀어내면서 호감이 부정적으로 변하게 된다.

가령 겉모양은 참 괜찮아 보이는데 겉으로 보이는 호감과는 다르게 언행(言行)이 천박하다면, 처음에 품었던 호감은 여지없이 사라지게 된다. 이런 감정의 급변(호감→비호감)은 나도 모르게 한마디를 하게 만든다.

'제법 잘나 보이는데 언행(言行)을 왜 저렇게 할까?'

외양은 좋고 괜찮은데 언행이 나쁘면 천박하다는 것을 알아야 한다. 그 언행이 더 심하면 사람들로부터 "얼굴값을 못한다!"는 소리까지 듣게 된다.

전체적으로 괜찮은데 언행이 나쁘면 '그의 부모는 누구일까? 부모가 대체 어떻게 키웠길래?.. 저 정도 외관과 모양새면 제법 급수가 있는데 부모가 저렇게밖에 못 키웠나? 사회에 진출하면 반드시 사람들과 충돌이 나겠구나!'라고 속으로 생각하며 지나간다.

만약 스스로 잘난 사람이라고 생각한다면 절대 잘난 척을 하지 마라! 그냥 있는 그대로 편하게 행동하라! 그게 더 멋있다!

또한 애써 사람들의 시선을 끌려고도 하지 마라! 그게 더 멋있다!

사람들이 잘난 당신을 보면 '잘났구나!'라고 반드시 생각하니 언행에 있어서 과도하게 선을 넘지 마라!

진짜 잘난 친구가 잘난 척을 하면 사람들의 심리는 바로 비호감으로 전환되면서 밀어낸다. 왜 밀어내는 줄 아는가? 잘났기 때문이다! 잘나지 못했다면 사람들은 그다지 관심을 가지지 않는다. 눈에 잘 띄지 않기 때문이다.

따라서 잘난 사람은 이미 잘났기 때문에 잘난 척을 할 필요가 없고 그 잘난 기운과 외양이 사람들의 시선과 기운을 끌기 때문에 굳이 잘난 척을 할 필요가 없다. 인간은 필요 없는 행동과 필요 이상의 행동을 하면 주변 에너지의 안정을 깨뜨리고 그 결과 상대에게 상당한 불쾌감을 준다.

에너지는 편안하고 안정되게 방출하면 나를 공격하는 사람은 절대 있을 수가 없다. 과도하게 감정을 끌어올려 언행에 힘을 주고 오버를 하면 그 파장 자체가 상대에게는 불안정감을 주면서 동시에 불쾌감을 느끼게 만든다. 바로 이때부터 나를 인신공격하는 사람이 등장하게 된다.

여성의 경우 주변에서 당신보고 예쁘다 혹은 미인이라는 소리를 많이 할 경우 당신은 예쁜 것이 맞으니 가급적 예쁜 척을 하지 말고 매사 자연스럽게 행동하는 것이 좋다. 그러나 예쁜 척을 하는 순간 수많은 여성들의 적이 될 수 있고 당신의 그런 예쁜 척을 보면서 재수 없다고 짜증내는 사람도 있다는 것을 알아야 한다.

당신을 싫어하는 사람이 생기는 이유는 충분히 이쁘고 잘난 사람임에도 불구하고 당신의 행동이 자연스럽지 못하기 때문이다. 오버하지 않고 자연스럽게 행동하기만 해도 외모는 더 빛난다. 자연스러운 행동에는 절제가 내재되어 있고 보이지 않는 겸손이 들어있기 때문이다.

그러나 외모가 좋음에도 불구하고 애써 사람의 기운을 더 당기려고 잘난 척을 하면 상대를 불편하게 만들고, 더 잘난 척을 하면 그 누군가는 반드시 당신을 할퀸다. 그것도 당신이 없는 자리에서 험담하니 잘난 척을 하지 않는 것이 좋다.

사람은 이유 없이 다른 사람을 먼저 할퀴는 경우는 절대 없다. 누군가가 당신을 인신공격하고 들어올 때는 분명 과도한 언행을 하였거나 어떤 식으로든 상대의 마음을 불편하게 하였기 때문에 상대는 그런 행동을 보고 반응을 하게 된다.

잘나고 외모 좋은 사람이 주변에 적을 두지 않는 방법은 항상 언행을 할 때 자연스럽게! 편안하게! 하면 된다.

잘난 사람은 이미 존재 그 자체로 사람들의 시선을 끌기 때문에 언행이 과하면 사람들의 험담과 더불어 노골적인 적대감이 당신에게 들어온다는 것을 알아야 한다. 사람을 만나면 좋은 일 나쁜 일도 많지만 자연스럽게 언행(言行)을 하면서 상대를 편안하게 대하면 이미 잘난 사람이기 때문에 더 잘나게 보인다.

잘난 사람이 잘난 척을 하면 못난 사람은 기가 꺾인다

잘난 사람이 잘난 척을 하면 못난 사람은 기가 꺾인다. 못난 사람이 기가 꺾이고 무시를 당했다는 생각이 드는 순간 잘난 사람을 험담하고 물어뜯기 시작한다. 그래서 잘난 사람은 잘난 척을 하지 말라고 하는 것이다.

가령 기운이 큰 사람과 작은 사람이 있을 때 기운 큰 사람이 아무런 액션을 취하지 않고 가만히 있으면, 기운 작은 사람은 기운 큰 사람에게 자신도 모르게 반응한다. 쉽게 설명하면 특별한 감정도 없으면서 자꾸 그 사람에게 신경이 쓰이게 되는 것이다.

기운 큰 사람이 한번 움직임(말 또는 행동)을 일으키면 기운 작은 사람은 기운 큰 사람의 움직임을 보고 내적으로 그 움직임에 대한 반응을 일으키게 되는데, 이때 기운 큰 사람에게 감정적으로 붙거나 혹은 감정적으로 떨어져 나가게 된다.

큰 기운의 움직임으로 인해 떨어져 나간 작은 기운은 때로는 심리적 상처를 입을 수도 있는데, 인간관계에서 기운이 크고 잘난 사람이 처신을 잘못하면 주변 사람이 떨어져 나가고, 떨어져 나간 기운 작은 사람은 반발력으로 기운 크고 잘난 사람을 미워하거나 저주하게 된다.

이것이 잘난 사람이 잘난 척을 하면 사람이 떨어져 나가는 원리이다.

기본적으로 기운이 크고 잘났다는 것은 연예인이나 공인처럼 매사 처신을 잘해야 하는 보이지 않는 의무가 있는 것이다. 만약 처신을 잘못하면 주변 사람들이 물어뜯고 할퀴게 된다. 이것은 사람들의 잘못이 아니라 본인 자신의 문제로 인해 발생하는 일이다.

비단 잘난 사람만이 아닌 평범한 사람도 대인 관계에서 사람을 바르게 대하지 못하고 처신을 잘못했을 경우, 자신에게서 떨어져 나가는 사람이 생기고, 더 심하면 누군가에게 나를 향한 적대감을 품게 만든다. 이에 큰 기운과 좋은 에너지를 가진 사람은 항상 언행을 할 때는 자신보다 기운이 떨어지는 사람들을 보이지 않게 잘 배려해야 한다.

이런 이유로 잘난 사람은 이미 그 자체로 잘났기 때문에 애써 잘난 척을 해선 안 된다는 것이다. 겸손까지는 아니더라도 잘난 척을 하지 않는 그 자체로 이미 사람들을 배려하는 것이나 다름없다. 잘난 사람이 잘난 척을 하면 그 액션에 호응하는 사람도 있겠지만 당신의 그 잘난 척에 상처를 받는 사람도 있다는 것을 알아야 한다.

잘난 사람은 그대로 가만히 있기만 하여도 그 자체로서 잘나 보이기 때문에 에너지가 작은 사람들이 알아서 반응하게 되어있다. 그 반응에는 호감을 갖는 사람부터 유심히 주시하는 사람까지 실로 다양하다. 과하거나 돌출적인 움직임을 일으키기 전까지는 사람들이 당신을 적대시하지 않는다. 다만 다음 행동을 지켜볼 뿐이다.

잘난 사람이 어떤 움직임(말과 행동)을 일으키면 주변 사람들이 그때부터 눈에 불을 켜고 잘난 사람을 주시하고 관찰한다. 그 이유는 사람이 잘났기 때문이다. 따라서 잘난 사람이 어떤 행동을 할 때는 당신보다 못한 사람들을 반드시 생각하고 배려하면서 행동해야 한다는 것을 나는 얘기해주고 싶다.

아울러 잘난 사람이 잘난 척을 하면 그보다 못난 사람들은 순간 기가 꺾이면서 마음의 상처를 입을 수도 있다. 잘난 사람은 이미 그 자체로 잘났는데 미련하게 왜 잘난 척을 하는가? 남들도 대놓고 얘기하지 않아서 그렇지 당신을 보고 잘났다고 느끼고 있다.

잘 생긴 연예인의 경우, 언제 어디서든 그가 어디에 가든 간에 잘난 척을 하지 말고 가만히 있기만 하여도 사람들이 알아서 떠받들어준다. 이것은 그가 가지고 있는 '기운의 힘'이다.

잘 빚어져서 나온 사람은 그만큼 에너지가 좋고 탄탄하다. 그 좋은 에너지를 가지고 함부로 행동하면 자기보다 못난 사람들의 기가 꺾인다.

아래 사람을 만날 경우 겸손 하라는 얘기까진 하지 않겠지만 최소한 잘난 척만 하지 않으면 잘난 기운이 마냥 좋아서 사람들이 알아서 당신의 기운에 맞게 대해준다.

그러나 잘난 사람이 상대를 거만하게 대하거나 무시하면 상대들의 반발과 적대감이 쌓이고 어느 시점이 되면 추락하기 시작한다. 현재의 위세가 좋아서 지금 당장 추락하지는 않겠지만 서서히 주변 사람들이 물러나면서 결국 추락하게 된다.

잘났다는 것은 에너지가 좋다는 것이다. 좋은 에너지는 혼자만의 것이 아니라 세상의 빛이 되어야 한다. 에너지가 좋다는 것은 사람을 끌어들이는 힘과 사람을 움직일 수 있는 힘이 좋다는 뜻이기도 하다.

그런데 잘난 사람이 자기보다 못난 사람에게 잘난 척을 하면 내가 보기엔 참 안타까운 일이다. 무심결에 잘난 척을 하거나 아무 생각 없이 잘난 척을 하는 사람이 있다면 특히나 당신보다 못난 사람 앞에서 잘난 척을 해선 안 된다. 잘난 척을 하면 할수록 주변 사람들에 의해 시간차를 두고 에너지 힘은 서서히 빠져버린다.

못난 사람들은 기운이 약한 사람들이지만 잘난 당신의 교만이 그 사람들과 보이지 않는 에너지 충돌을 빚어내기 때문에 사람들이 당신의 곁에서 물러난다. 단순히 물러나기만 하면 그나마 다행이나 물러나면서 두고두고 당신을 헐뜯는다. 언제까지? 당신이 인간이 될 때까지!

따라서 잘난 사람이 자기보다 못난 사람을 무시하면 에너지 역행이 일어나 이것이 쌓이고 쌓여 언젠가는 반드시 자신의 기운을 치게 된다.

잘난 사람은 세상에 빛이 되어야 한다. 또한 자기보다 약한 사람들을 잘 이끌어줘야 한다. 이것은 잘난 사람들의 보이지 않는 의무이기도 한 것이다. 그래야만 에너지가 약한 사람들이 잘난 사람을 쫓아 위로 올라올 수 있다.

남의 말은 직접 확인해라

살다 보면 누군가 다가와서 다른 사람을 헐뜯거나 비난하는 경우를 쉽게 경험할 수 있다. 그러나 누군가 다가와서 남을 안 좋게 평가하면 일단 받아는 주되 믿지는 마라. 직접 확인해라!

만약 친구(A)가 와서 다른 친구(B)를 비난할 경우, 과연 어떻게 해야 할까? 친구 A가 다른 친구 B를 비난할 경우, 일단 받아줘라! 그리고 차분히 친구 A가 하는 이야기를 끝까지 들어라. 차분히 듣되 가급적 맞장구는 치지 마라. 그냥 듣기만 해라! 그리고 고개만 끄덕여라!

얘기가 다 끝난 후에 "아 그런 일이 있었구나."라고만 대답해라. 그리고 대화의 주제를 바꿔서 다른 이야기를 해라. 상대의 말을 끝까지 다 들어주고 난 뒤 주제를 전환하면 상대는 반발하지 않는다. 여기까지가 누군가 다가와서 다른 사람을 헐뜯거나 비난할 때 당신이 취해야 할 행동이다.

만약 남을 험담하는 친구의 얘기에 쉽게 믿거나 동조를 했다면 그리고 그 친구의 말이 거짓이라면 당신도 잠재적 가해자가 될 수 있다. 친구 A는 친구 B와는 상극일 수 있겠지만 의외로 당신은 친구 B와 잘 맞을 가능성도 존재한다.

친구 A가 다른 친구 B를 비난할 때 이 둘은 서로 잘 안 맞을 가능성(상극)이 높을 수도 있고, 또한 본인과 친구 A의 성향이 비슷하거나 혹은 친해서 다른 친구 B를 싫어할 수도 있겠지만, 분명히 얘기하건대 사람은 직접 만나보고 겪어봐야 한다. 직접 확인을 해보라는 것이다.

알고 보니 당신은 친구 B와 잘 맞는 관계라고 한다면 그때는 어떡할 건가? 바로 이 가능성 때문에 누군가가 다가와서 다른 친구나 제 3자를 비난할 때 상대의 말을 차분히 듣되, 직접 눈으로 귀로 그 사람을 보고 겪기 전까지는 믿지 말아야 한다.

나도 살면서 위와 같은 실수를 여러 번 한 적이 있었다. 누구의 말을 듣고 그 말을 그대로 받아들여 믿은 채로 그 당사자를 대했다가, 추후 그 당사자가 너무 괜찮은 사람이라는 것을 확인하였을 때 너무나 미안하고 당황한 적이 있었다.

문제는 이런 케이스가 사업상에서 벌어지거나 중요한 이해관계에 놓였을 때 벌어진다면 최악의 상황으로 치달을 수 있다는 점이다. 직장에서도, 조직에서도, 바깥 모임에서도 이런 일은 비일비재하다. 어릴 적부터 이런 부분을 확실하게 교육받았다면 대인관계에서의 혼란은 덜할 것이다.

다시 강조하지만 누군가가 당신에게 와서 다른 사람을 욕하거나 비난할 경우 일단 차분히 이야기를 끝까지 듣되 직접 확인하기 전까지는 그 내용을 믿지 마라. 당사자를 만나서 겪고 확인하기 전까지는 절대 그 사람을 판단해서는 안 된다. 직접 두 눈으로 확인하고 판단해야 한다!

사람들 중에 남 얘기하는 것을 아주 싫어하는 사람이 있다. 이런 경우 대부분의 사람들은 그 사람이 아주 바르다고 생각하는 경향이 있다. 그런데 그것이 과연 옳은 일일까? 꼭 그렇지는 않다.

우리 인간은 사람의 말을 통해 많은 정보를 주고받는다. 이 정보 속에는 좋은 정보와 나쁜 정보가 있고, 남에게 호의를 느끼는 정보와 또 남을 비난하거나 헐뜯는 다양한 정보들이 포함되어 있다. 사람은 항상 자신에게 오는 모든 말을 일단 수용해야 한다. 그 다음 분별해야 한다. 어떻게 좋은 것만 들으려고 할 수가 있는가?

만약 누군가가 다가와서 남을 비난할 때 그 얘기가 듣기 싫어서 "그만해라! 왜 남 얘기를 하느냐?"라고 대쪽같이 받아치면 어떤 결과가 일어나는지 아는가?

당신에게 와서 남을 비난한 사람은 두 번 다시 다른 정보들을 알려주지 않는다. 그가 다른 사람을 비난한 것으로 보이지만, 사실 그가 알고 느낀 수준에서 정보를 주고 있는 것이다. 또한 나중에 당사자를 만나 확인해보면 말을 전달한 사람의 실체는 자연스럽게 파악된다. 말을 전달한 사람이 옳은지 아닌지는 그때 파악해서 멀리할지 말지를 결정해도 늦지 않다.

인간사의 모든 일은 시간이 걸리더라도 반드시 드러나게 된다. 좋은 정보만 받아들이고 나쁘거나 왜곡된 정보를 밀어내면 당신의 총체적 균형감각은 상실된다는 것도 분명히 알아야 한다. 간신 또한 쓸 데가 분명히 있는 것이다. 만약 정보의 왜곡이 있다면 그 정보의 관련자들을 직접 만나고 확인하면 된다.

또한 누군가에게서 안 좋거나 나쁜 평가가 나올 때는 반드시 이유가 존재하는데 이런 얘기도 누군가를 통해 직접 들어야 알 수 있는 것이다. 그런데 누군가가 당신에게 와서 다른 사람 욕하는 것을 듣기 싫어하고 그래서는 안 된다면서 그 사람에게 훈계조로 얘기하면 당신의 지혜가 얕은 것이다.

오히려 '이 사람이 왜 저 사람을 비난할까?'라는 생각을 해본 적은 없는가? 그리고 그 두 사람 간의 관계성과 이해관계를 살펴본 적은 없는가?

당신에게 다가와서 그 사람에 대해 비난한다면 그 내용을 듣기 싫다고 외면도 하지 말고 그대로 차분히 들어라. 단 전적으로 동조하지는 마라! 그 말을 기억은 하고 있으되 나중에 직접 겪고 확인하기 전까지는 절대 믿지는 마라. 당신이 직접 확인하기 전까지는 가급적 편견도 가져서도 안 된다. 당신이 생각하는 것과는 완전히 다르게 당신과 그 사람이 잘 맞을 수도 있기 때문이다.

우리 인간은 항상 가능성을 열어두어야 한다. 누군가의 이야기를 듣고 그 말을 그대로 믿어버리면 가능성은 사라진다. 실제로 당사자를 만나보면 세간의 평가와는 다르게 정말 좋은 사람일 수도 있고, 당신과 아주 잘 맞는 사람, 궁합이 좋은 사람일 수도 있기 때문이다. 이것이 바로 반전의 가능성이다. 나의 경우 모든 관계에서 항상 '반전의 가능성'도 놓치지 않으려 하는 편이다.

누군가가 당신에게 다가와 다른 사람을 평가하거나 비난할 경우, 이것은 그가 본 느낌과 그가 느낀 감정의 각인을 당신에게 알려주는 것이다. 따라서 이런 사람을 남 욕한다고 처음부터 멀리하거나 밀어내는 것은 어리석은 행동이다. 나중에 직접 확인하고 난 뒤 멀리해도 늦지 않다.

현대인은 매일 많은 사람과 교류하면서 정보를 주고받는다. 그 과정에서 남을 욕할 수도 있고, 남에게 욕을 먹을 수도 있다. 다만 바르게 분별하면 되는 것이다. 이 세상에 쓸모없는 사람은 없다. 어떻게 사람을 다루고 대하느냐의 문제일 뿐이다.

따라서 자신에게 누군가 다가와서 다른 사람을 욕하거든 차분히 듣되 두 눈으로 직접 확인하기 전까지는 그 말의 진위여부는 유보하는 것이 좋고, 판단은 직접 확인한 다음 내려도 늦지 않다.

지적수준을 높여야 한다

경기가 좋지 않다는 얘기를 IMF 이후 이십여 년째 듣고 있다. 장기간 보여주고 있는 경기침체는 한국사회를 변화시키고 있고, 한국만의 새로운 산업동력을 찾는다는 것은 갈수록 난제이다. 이에 언젠가는 경기가 좋아질 것이라 예단하지 말고 이 추세대로 계속 갈 것이라 생각하고 경제활동을 한다면, 오히려 각자의 미래계획을 보다 현실성 있게 구체화하는데 도움이 될 수 있다.

요즘 젊은 친구들은 이전 세대와는 다르게 직접적인 사회 압박을 많이 받는 세대이고, 주택구입에 있어서는 천정부지로 오른 집값 앞에서는 집을 구입하겠다는 생각 자체가 무모할 정도로 경제적인 어려움을 겪고 있는 세대이다.

또한 남들 다 가는 외국여행도 가야 하고, 어학연수도 가야 하고, 취미생활도 해야 하고, 자신이 원하는 공부도 해야 하기에 결혼해서 집을 구입한다는 자체가 버거운 일로 다가온다.

나는 집을 구입하는 부분에 있어서 기성세대와 생각을 조금 달리한다. 부모의 경제력이 좋은 친구들을 제외하고 고만고만한 가정에서 태어난 친구들이 집을 구입하는 자체가 과연 자신에게 얼마나 이득이 될지 꼼꼼하게 살펴볼 필요가 있다. 물론 자기 명의의 집이 있으면 경제적인 측면에서 상당히 안정적이다.

그러나 내 명의의 집 마련을 목표로 집을 구입하기까지의 과정에서는 제대로 된 소비는 꿈도 못 꾼다. 자신을 위한 계발부터 여러 윤택한 문화 활동과 여가까지 포기해야 할 것이 많다.

나는 지금과 같은 경제 현실에서는 차라리 주택구입을 위해 돈을 모으려 하지 말고 균형 있게 잘 써야 한다는 주의이다. 그것도 각자 자신의 급수 상승을 위해 자기 계발을 위해서 돈을 쓰는 것이 장기적으로는 더 이롭다고 보고 있다.

실력을 갖추고 마흔이 넘어서 들어오는 재물은 잘 빠져나가지 않는다는 점을 고려하면, 황금 같은 30대에 집을 구입하느라 거지처럼 사느니, 역으로 이 구간에서 자신을 위한 집중적인 투자를 하는 것이 40대 이후의 미래를 놓고 보았을 때 더 유리하다고 판단한다. 물론 나의 사견이니 오해 없기를 바란다.

돈은 자신의 실력을 갖춘 뒤부터는 보다 안정적으로 들어오는 속성이 있고, 2, 30대에는 자기 계발에 노력하고 자신을 잘 갖추면 40대부터는 본격적으로 자신의 실력이 서서히 나오기 시작하는 구간을 맞이할 수 있다. 이런 관점에서 볼 때 인생에 있어서 가장 중요한 2, 30대에 월급의 7할 이상을 집 대출금으로 쏟아 붓는 일이 나는 옳은지 모르겠고, 오히려 이 구간에서 자신의 실력을 키우는데 집중하는 것이 미래를 위한 바른 계획이라 판단된다.

아울러 통일이 되고 난 뒤 한반도의 정치, 경제적 환경이 어떻게 변화할지는 아무도 모르는 것이기에 자신의 급수와 수준을 끌어올리면서 미래 준비를 위한 실력을 갖추는 것이 더 유리하다고 본다. 여기까지는 부모가 부유하지 않는 젊은 친구들에게 해당되는 얘기이다.

집을 살 것인가, 아니면 그 돈으로 자신의 실력을 올릴 것인가에 대한 유불리를 따져보자면, 자신의 실력을 올릴 수만 있다면 나이가 들어서도 경제활동을 꾸준히 할 수 있는 확률은 높아진다. 따라서 나는 지금과 같은 발전된 시대를 살면서 가난한 청년들이 집을 사는 것에 대해서는 상당히 부정적이다.

가난한 청년이라 함은 부모의 경제적인 수준이 떨어지므로, 정신적 수준은 모르겠으나 다른 전반적인 수준은 낮다고 보아야 한다. 이에 자신을 계발할 수 있는 영역에 집중하고 돈을 써야만, 이들의 급수를 끌어올릴 수 있을 것이라 확신한다.

우리 인간은 사회생활을 하면서 많은 것을 배우고 자신의 수준을 끊임없이 올리려고 노력하다 보면 서서히 지적수준이 높아져간다. 사람은 지적수준이 높아지면 전체를 보는 시야가 서서히 트이기 시작하는데 이때부터 자신 있게 앞을 나아갈 수 있게 된다.

사람은 무엇이라도 자기 시야에 보여야 다음 행보를 진행할 수 있다. 자신의 인생을 놓고 최대한 자기 지적수준을 끌어올려 전체 시야가 보이도록 노력하는 것이 진정한 진보이다.

내가 좀 더 나아지는 것, 내가 좀 더 윤택해지는 것, 내가 좀 더 지적이고 유식해지는 것, 내가 좀 더 경험치가 쌓이는 것, 그래서 올바른 판단으로 정확하게 분별하여 앞을 나아가는 것이 각자 인생에 있어서 바른 진보이다.

돈 욕심내지 말고 실력을 키워라

돈이 많은 사람과 빈곤한 사람을 유심히 관찰하면 확연한 차이가 보인다. 노력이야 누구나 하는 것이니 논제가 될 수 없고, 결국 마인드와 운(運)이 그 사람의 인생을 좌우한다. 정확히 계량 및 수치화할 수는 없겠지만 사람마다 벌어서 가질 수 있는 최대치 돈의 양(量)이 있다. 즉 이번 생에 자신이 얻을 수 있는 최대치의 부(富)가 각자의 재물운으로 표현된다.

또한 사람의 인생을 관찰하면 제각각 돈이 들어오는 시기가 존재한다. 다시 말해 돈을 벌 수 있는 시간상의 구간이 있다는 뜻이다. 정리하자면 개개인마다 가질 수 있는 돈의 크기가 대략적으로 정해져 있고, 또 얼마가 되었든 돈을 집중적으로 벌 수 있는 구간이 있다는 것이다. 이 개념만 이해하여도 이번 생에서 각자의 경제력을 아주 조금이나마 가늠할 수 있다.

돈을 버는 사람들, 즉 부자들의 공통된 특징은 돈에 매우 인색하다는 점이다. 돈에 인색하고 돈을 밝히는 본능이, 부자가 아닌 사람들보다 비교할 수 없을 만큼 세다. 반면 부자가 아닌 사람은 돈에 대한 관념이 부자만큼 철저하지 않다. 이런 차이가 부자와 부자 아닌 자를 나뉘게 만드는데, 이것은 돈과 관련된 카르마를 타고나야 한다.

따라서 자기 운명의 윤곽을 어느 정도 이해하는 사람은 세상을 살아나가기가 유리하고 자신의 운명을 모르는 사람은 엉뚱한 곳에 자신의 힘을 소모하기가 쉽다.

아직 부자가 되지 않았지만 앞으로 부자가 될 가능성이 높은 사람을 만나보면, 이 사람은 일반인과는 비교할 수 없을 정도로 돈에 대한 개념과 집념이 남다르다. 또한 돈에 대한 본능적 집착이 매우 세다. 이런 간단한 구분을 통해 부자가 될 가능성이 있는 사람을 일반인도 유심히 관찰하면 파악할 수 있다.

자신의 운명을 살아감에 있어서 중요한 것은 이번 생에 자신의 카르마와 그 카르마가 이끄는 방향을 이해해야 하는 것이다. 단순히 꿈을 가지고 노력하라는 말에 현혹되어서는 안 된다. 개개인이 가지고 온 카르마와 인연이 있는데 이것을 무시하고 각자에게 맞지 않는 꿈을 주입하면 사람 인생이 망가질 수도 있다.

기본적으로 자신이 돈을 많이 모을 수 있는 사람인지 아닌지는 위 내용을 읽고 자신을 대입시켜 살펴보면 어느 정도 예측할 수 있다. 그렇다면 부자가 될 수 없는 사람은 판단을 잘해야 한다. 가령 목표를 중산층으로 정하든지, 아니면 자신의 그릇에 맞게 목표를 잡아야 한다.

부자든 부자가 아니든 간에 최소한의 윤택한 삶을 누리기 위한 조건은 자신이 하는 일에서 실력을 갖추는 것이다. 여기에다 좋은 인성과 성실성을 갖춘다면 윤택한 삶을 누릴 확률이 매우 높아진다. 앞서 얘기했듯이, 적어도 돈이란 각자만의 가질 수 있는 크기가 대략적으로 정해져 있고 또 돈을 벌 수 있는 구간이 존재한다. 이것을 인지하고 세상을 살아가면 전혀 모르는 것보다 유리하다.

자기 수준에 맞는 일을 정하고 그 일에 매진하면서 실력을 키우는 것은 결코 쉽지 않은 일이다. 윤택한 삶을 살기 위해서는 그만큼 노력이 필요하다는 점을 고려하면 자신이 일하는 분야에서 성실하게 실력을 갖추는 것 외에는 방법이 없다. 물론 배우자운이 좋아서 배우자의 등을 타고 올라가는 케이스도 있지만, 기본적으로 자신의 실력을 채우는 것이 윤택한 삶과 더불어 의식 확장에 결정적인 도움이 된다.

재물운이 강하지 않으면 금융과 투자에는 손을 대지 않는 것이 정석이다. 그 대신 자신의 실력을 키워 자신의 가치를 높이는 데 노력하는 것이 이롭다. 항상 자신에게 주어진 일에 최선을 다하다 보면, 재물운이 약하더라도 실력과 분별력으로 중간 정도는 갈 수 있고, 크게 돈을 못 벌어도 어느 정도 안정된 삶은 유지할 수 있다.

이에 젊은 친구들은 공부할 수 있는 시기에 공부를 해야 하고 급수를 올리고 싶다면 실력을 키워야 한다. 그 과정 과정이 우리가 말하는 인생이라는 것이고 각자의 인생 속에 주어진 카르마의 체험을 통해 이해하고 깨달으면서 나아가는 것이 우리 모두의 숙명이다.

각자의 성공이 사회와 국가의 성공을 불러오고 국가의 성공이 이 지구촌의 성공을 불러온다. 이것이 지구 카르마를 풀 수 있는 해법이다.

앞으로는
재능의 시대이다

앞으로는 재능의 시대이다. 지금까지는 돈을 가진 자들이 세상을 주도하였고 지금도 주도하고 있고, 미래에도 주도할 것이나 앞으로는 돈이라는 가치보다 각자의 재능이 더 중요한 시대가 펼쳐질 것으로 본다.

그 이유는 지금 물질세상이 한 단계 더 진화해야만 하는 시점에 우리 모두 살고 있기 때문이다. 이때는 모두의 재능이 다 쏟아져 나와 새로운 창조가 일어나야만 지금보다 한층 더 발전된 세상으로 진입이 가능하다.

만약 젊은 친구들이 자신만의 재능이 있고 그 재능을 향해 열심히 달려간다면 돈은 자연스럽게 들어온다. 돈의 액수가 중요한 것이 아니라 재능을 통해 돈이라는 에너지가 당신에게로 당겨 들어오는 원리를 이해해야 한다. 다만 각자의 그릇 크기가 있기 때문에 그 크기에 맞게 돈이 들어오며 이후 들어온 돈을 얼마나 자신의 발전을 위해 유익하게 쓰느냐가 관건이다.

우리 인간은 계속되는 진화, 즉 의식 진화와 물질적 진화를 위해 살아간다. 설령 이번 삶에서 자기 재능이 빛을 발하지 못하거나 혹은 경제력이 충분하지 못하더라도 결혼을 하면 자식들이 태어난다. 당신이 이루지 못한 그 열망은 자식 대에서 다시 이루려고 또다시 진화의 방향으로 나아가게 된다. 이것이 바로 카르마의 대물림이다.

그러니 조금 더 넓게 보아야 한다. 성공과 실패를 떠나서 자신의 인생을 열심히 살려고 노력하는 그 자체에서 힘이 나오고, 그 힘은 각자만의 열망과 더불어 다시 자식들에게 대물림이 된다.

그러나 자신의 인생을 잘 살지 못하면 그 불완전함이 자식으로 내려가면서 자식은 매우 힘들어지게 된다. 자식은 부모를 보면서 성장하기 때문에 부모의 힘이 약하면 자식도 그만큼 약할 수밖에 없다. 따라서 모든 게 변화하고 진화하는 3차원에서 우리 모두 최선을 다해 인생을 살아야만 한다.

당신이 이번 삶을 충실하게 살고 자신에게 닥친 문제를 잘 해결해나가면서 의식수준이 높아지면, 당신은 이번 생에 자신이 축적해놓은 기반 위에서 훗날 다시 태어나게 되므로 결국 영적 물질적 진화를 이루어내게 된다.

만약 우리가 다음 생에 태어난다면 지금의 세상과는 완전히 다른 세상이 될 것이고, 지금의 삶보다는 더 진화된 환경 속에 태어난다. 그 미래를 위해 우리 모두 현재를 열심히 살고 있는 것이며, 그 진화된 미래 세상을 위해 우리 모두 치열하게 살고 있는 이유다.

앞으로는 각자 가지고 있는 재능의 발현을 위해 한 방향으로 열심히 나아가다 보면 그 재능과 재주를 보고 돈 있는 자들이 재능 있는 사람을 필요로 하는 세상이 되어갈 것이다. 인간은 또 다른 인간을 만나면서 에너지적 융합이 일어난다. 그 속에는 자기혁신 내지는 자기혁명을 이루어낼 기본 힘들이 내재되어 있다.

변화는 '인연'을 통해 이루어진다. 누구를 만나느냐에 따라 내가 변할 수 있고, 지금은 각자의 재능에 따라 사람이 모이는 세상이다. 사람이 모이면서 서로의 기운이 섞이고 자기 변화가 일어난다. 따라서 지금부터는 필요한 사람을 만나야 하는 시대이자 자신의 재능을 꽃피워야 하는 시대이다.

사회라는 벽에
부딪혀봐야 한다

내가 사회를 바라볼 때마다 안타까운 것 중 하나가 자기만의 길을 찾지 못해 헤매는 젊은이들이다. 사람들 중에는 자신의 인생을 잘 나아가는 사람도 있지만 반면에 자신의 길을 찾지 못해 헤매는 사람들이 있다. 사실 헤매는 사람들은 길을 찾지 못한 것이 아니라 자신이 가야 할 길 자체를 모르는 경우가 대부분이다. 자신의 길을 찾지 못하는 젊은 친구들의 대부분은 집안 카르마와 자신의 카르마가 겹쳐져서 자기 발전의 정체를 지속한다.

사회가 발전하고 많은 정보들이 나왔다고 하더라도 자신이 왜 헤매는지 제대로 알려주는 사람은 찾기 어렵다. 길을 모르니 엉뚱한 곳에서 우물을 파고 앉았고, 파다가 지치고 물이 나오지 않으니 또 다른 곳에 가서 우물을 파고, 또 거기에서도 나오지 않으니 나중에는 아무 곳이나 닥치는 대로 파고 앉은 경우가 많다.

그러다 보면 지쳐가고, 에너지는 고갈되고, 되는 일은 없고, 나이는 들어가고, 서서히 초조해지고, 집중력은 점점 떨어지면서 결국 무너지게 된다.

이것이 길을 헤매는 사람들의 전형적인 패턴이다. 자신의 카르마가 일찍부터 발현되어 그 카르마의 힘에 휘둘리면서 세월을 보내고 있는 것이다.

초년운이 좋아 승승장구하는 친구들의 경우, 가령 어릴 적부터 집안 환경이 좋고 공부 잘해서 명문대를 입학하여 사회에 나와서도 잘 나가는 사람은 반드시 중반 내지는 후반부에 카르마가 들어오는데, 이 사람들은 카르마의 충격파에 굉장한 스트레스를 받는다.

즉 지금까지 승승장구하여 쌓아올린 자기만의 업적과 사회적 지위와 체면 때문에 카르마의 충격파에 극도로 예민해지고 힘들어하게 된다.

또한 지금까지 잘 나가던 사람이 어느 순간 거대한 벽에 가로막히면 쉽게 패닉상태에 빠진다는 것도 알아두어야 한다. 따라서 초년운이 좋지 않은 젊은이들이 지금 느끼는 절망감과 피로감만큼이나 그들도 똑같은 강도로 느끼고 받으니 결과적으로는 공정한 것이 된다.

혹자는 "그래도 그들은 지위나 돈이라도 있지 않습니까?"라고 묻는다면 당신은 지금 환경에서 절대 벗어나지 못한다. 그런 마인드로는 자신의 삶이 나아질 수가 없다.

급수가 높다는 것은 그만큼 이전 생에 쌓아올린 정보와 에너지양이 있기 때문에 탄탄한 것인데, 현재 당신의 처지를 한번 살펴보라. 과연 이전 생에 얼마나 에너지를 쌓아 올렸는지 한번 스스로 생각해보라. 만약 잘 쌓아 놓았다면 지금 그 꼴을 하고 있을 것 같은가? 그렇다고 실망할 필요는 없다. 자신을 가로막는 벽은 최대치의 에너지를 내어 힘을 쏟을 때 무너뜨릴 수가 있다. 바로 이 체험을 위해서 우리 모두는 이번 생에 태어난 것이다. 그 체험 속에 많은 장치들이 마련되어 있고,

그것들을 전부 느끼고 경험해야 당신의 의식이 상승하게 된다.

의식이 상승하면 세상을 바라보는 눈이 완전히 달라진다. 이전에는 자신만 보이고 남은 보이지 않았는데 이제는 다른 사람도 보이게 된다. 따라서 이십 대와 삼십 대에는 누구나 많은 꿈과 이상, 목표가 있지만 일단 사회라는 벽에 부딪혀봐야 한다. 왜 그런 줄 아는가? 사회라는 벽에 부딪혀봐야 당신이 가진 꿈과 이상을 현실에 맞게 '재조정'할 수 있기 때문이다.

사회와 당신 사이에는 분명한 괴리가 존재하는데 사회를 모르고 현실을 무시하면 망상과 과한 욕심으로 인해 엉뚱한 꿈과 이상을 갖게 된다. 이 경우 사회에 나가면 반드시 큰 벽에 부딪치게 된다. 바로 그때 그 벽이 당신의 스승이 된다.

사회의 보이지 않는 벽은 당신이 치고 나가는 일을 가로막는 장애물인 듯 보이지만 사실 '당신에게 균형감을 가져라!'라는 시그널이다. 이십 대와 삼십 대에는 부모 말도 안 듣는 나이인데 그 누가 당신을 컨트롤할 수 있겠는가?

바로 사회가 당신의 고집과 아집을 컨트롤하고 제압한다. 부모 말도 잘 듣지 않는 당신에게 사회가 가르치는 것이다. 사회가 용납하는 선에서 처신하고 행동하라는 뜻이며, 똘끼 있는 예술가나 선동가가 아닌 이상, 사회 구성원으로서 충실하게 역할을 이행하라는 시그널이 바로 사회의 보이지 않는 벽이다.

사회를 극단적으로 변혁시키는 광기의 그룹군과 인물들은 따로 있다. 이들은 태어날 때 자신만의 환경과 카르마에 의해 이단성과 저항을 타고난다. 당신이 이 부류에 속하지 않는다면 사회가 주는 시그널을 잘 이해하고 받아들여야 한다.

우리가 사는 사회가 엉망인 듯 보이지만 절대 그렇지 않다. 철저하게 자연력의 법칙대로 흘러가는 곳이 사회이다. 이런 연유로 항상 겸손하게 사람을 대하라는 것이다. 겸손해야 상대의 말이 내 귀에 들리게 된다. 주변에서 계속 시그널을 주는데도 알아차리지 못하면 당신은 반드시 고립된다!

자극을 받아야 성장할 수 있다

인생을 살면서 누구나 다른 사람에게 자존심 상하는 말을 듣거나 자신의 문제점에 대해 지적받는 일을 겪게 된다. 나도 오래전 그런 일을 몇 번 겪은 적이 있다. 당시에는 화가 나고 자존심도 상해서 그 기억이 오래 지속된 적도 있었다.

나이가 들면서 가끔 과거를 돌아보면 그때 그 자극들이 고맙게 느껴진다. 지금은 자신을 향한 외부 자극은 자신을 변화시킬 수도 있는 요인이 된다는 것을 철저하게 이해한다.

다르게 표현하면 나 자신의 문제점들은 내 눈에는 안보이지만 다른 사람 눈에는 보인다는 사실이다. 다른 사람 눈에 보이는 줄 모르고 행동했다는 사실을 안 순간 나 스스로 놀라웠고 부끄러웠다. 그 이유는 흡사 벌거벗은 줄 모르고 행동했다는 것을 깨달았기 때문이다.

고집 세고 자존심이 강한 사람은 외부에서 자극을 받을 때 또 한 번의 성장을 할 수 있는 기회를 맞이하게 된다. 누군가가 자신에게서 드러나는 문제점을 지적하면, 자존심 강한 사람은 자존심 때문에 그 지적을 견딜 수가 없게 되고, 가장 먼저 나오는 자극에 대한 반응은 상대를 공격하거나, 아니면 자기방어를 하기 시작한다.

그러나 좀 더 똑똑한 사람은 상대의 자극적인 말에 자존심이 상해서 반드시 자신의 문제점을 고치거나 혹은 목표 달성을 이루려고 노력하게 된다. 두 번 다시 자존심 상하는 일을 겪기 싫기 때문이다.

한국 사람들은 대부분 고집 세고, 자존심이 강해서 남과 자신을 비교하고, 남에게 지적하기도 하면서 자신도 지적을 당하기도 한다. 한국 사회는 서로 엉키고 섞이면서 전체가 발전해가는 양상을 띠고 있는데 여기에서 우리는 진지하게 생각해보아야 할 점이 있다.

앞서 얘기했듯이 자신의 문제점은 스스로 알아차리기가 어렵지만 다른 사람 눈에는 쉽게 보인다는 점이다. 이것은 자기 주변에 있는 사람들이 자신을 관찰하고 있다는 뜻이고, 따라서 사람들이 나에게 하는 말을 유심히 들어보면 내가 고쳐야 할 문제점을 파악할 수 있다.

상대가 나의 문제점을 얘기하면서 나를 자극할 때 누구나 처음에는 기분이 상당히 언짢다. 나에게는 불편한 사실이기 때문이다. 그러나 상대가 나를 지켜보면서 나오는 자극적인 말들이 어떤 원리로 나오는지 살펴보면 또 다른 접근이 필요하다.

예를 들어 상대방이 나를 바라볼 때 내가 잘나지도 않으면서 잘난 척을 하면 상대방은 그 꼴이 보기 싫고, 나의 언행이 점점 더 과해지면 나를 향해 한마디 꽂게 된다. 과하니 그만 설치라는 얘기이다. 다시 말해 나 아닌 다른 사람은 나를 비추어주는 거울 역할을 하는 것이다.

따라서 남에게 자신의 문제점을 지적당하고 자존심이 상하는 사람이 있다면 판단을 잘해야 한다. 그 사람을 두고두고 미워하거나 저주할 것이 아니라 나에게 자극을 준 그 사람이 왜 그런 말을 했는지에 대한 근본 원인을 살펴볼 필요가 있다. 사람 입에서 나오는 말이라는 것은 그냥 나오는 법은 없기 때문이다.

나의 언행에 어떤 문제가 있었는지, 내가 거짓말을 한 적은 있는지, 나의 능력치를 벗어난 과장된 언행을 했는지 등등, 내가 어떤 언행(言行)을 하였는지 나를 분석해야 한다. 그다음 상대의 자극이 정말 자존심이 상했다면 그 문제점에 대해 수정하고 고치려 노력하는 것이 상대를 위한 배려이자 나를 위한 발전이다.

사람은 누구를 자극할 때 아무 이유 없이 그냥 자극하는 일은 절대 없다. 상대방의 기운이 편안하고 안정적이면 절대 먼저 공격하지 않는다. 이 말은 자신의 상태가 불안정할 때 상대가 나를 자극해 들어온다는 의미가 된다. 나 때문에 상대방도 불안정해졌기에 자기방어적 차원에서 나를 자극했다는 뜻이다.

따라서 누군가가 자신에게 자존심 상하게 하는 말을 하거나 자신의 약점을 건드린다면 순간 화가 나고 분노가 일어날 수 있지만 그다음 행보가 중요하다는 것을 꼭 이야기하고 싶다.

우리 인간은 자극에 대한 반응과 이후 대응이 세련되지 않거나 발전적이지 않으면 운명이 나아질 수 없다. 자극을 받고 단순히 자존심이 상해 상대를 미워하거나 저주하는 것보다 그 말을 가슴에 새기고 뭔가 변화를 일으켜야만 발전할 수 있다. 이런 식으로 접근하면 나를 향한 외부 자극은 나를 성장시킬 수 있는 요인이 된다.

남들에게 무시당하고 싶지 않다면 결국 내가 발전해야 한다. 최초 누군가가 나를 자극했다면 시간이 흘러 돌이켜 보면 그 사람이 나의 은

인이 될 수 있는 것이다. 대인관계에서 잦은 충돌이 있는 사람은 자신이 불안정할 때 외부에서 자극이 들어오는 원리를 알아야 한다. 우리 인생사의 기본법칙 중 하나가 바로 이것이기 때문이다.

사람을 읽는다는 것
내가 남에게 읽힌다는 것

20대 젊은이들이 사회에 첫발을 딛고 나오면 가장 많이 겪는 일은 무엇일까? 아마도 사람에게 당하거나 속는 경험이 많이 겪는 일 중 하나일 것이다.

사람에게 속는 일을 많이 겪는다는 것은 아직 사회 초년생들은 사람공부가 안 되었다는 방증이다. 사회생활의 핵심은 사람공부이고, 사람을 통해 모든 일은 전개되기 때문에 가장 먼저 겪는 일 중 하나가 바로 사람에게 속는 것이다.

사회생활에 능숙한 자는 당신들과 같은 사회 초년생을 보는 순간 당신을 스캔한다. 외모, 옷차림, 언행 순으로 당신을 파악하고, 사람을 찰나에 읽는다. 만약 그 사람이 사기꾼이라면 당신의 약한 부분을 파악하고 들어올 것이고, 좋은 사람라면 당신의 약점을 알려주면서 이끌어주려 할 것이다.

이처럼 우리 인간은 서로를 읽으려는 본능이 있다. 사람은 서로 처음 만날 때는 상대가 나에게 이로운 사람인지 해로운 사람인지를 순간 가늠하는 본능이 나오는데 이것은 짐승도 똑같다.

남에게 읽히는 것이 싫으면 읽히지 않으면 된다! 누군가가 자신을 읽는 것이 싫다면 가장 간단한 방법은 자신의 정보 자체를 공개하지 않으면 된다. 하지만 그런 식으로 하다간 사회생활 자체가 어렵게 된다. 사회는 서로 섞이면서 융합되어 움직여지기 때문에 자신을 감추면 서로의 정보와 기운이 섞일 수가 없고, 남에게서 에너지를 받지도 못하고 주지도 못하는 고립상황을 초래하게 된다.

그럼 남에게 읽히지 않는 좋은 방법은 언행을 신중하게 하면 된다. 이때 지켜야 할 원칙이라면 상대방의 반응을 보면서 대화를 해나가는 것이다. 묻는 말에 답변하고, 질문이 있으면 질문하면 된다. 대화에서 벗어나는 그 외의 얘기는 가급적 하지 않는다. 가급적!

이것만 지키면 상대가 어느 정도 나를 읽을 수는 있어도 완전히 읽지는 못한다. 대개의 경우 사람들은 대화를 진행하다 굳이 얘기하지 않아도 될 부분을 밝히는 습성이 있는데 이때 상당한 노출이 이루어진다.

사회 초년생들은 사회에 첫발을 디디는 순간부터 사회라는 정글에 들어서는 것이고, 이 정글세계의 룰을 이해하는 것이 가장 먼저 해야 할 일이다. 보이지 않는 룰을 이해하지 못하면 사회에 적응할 수가 없다.

가령 남이 나를 밟는 것에 대해 여러분들은 어떻게 생각하는가? 가혹하다고 생각하는가? 누가 나를 밟는 것에 분개하기보다는 자신이 왜 밟히게 되었는지를, 그 사건의 처음 시작부터 밟히게 되었을 때까지의 과정을 한번 복기해볼 필요가 있다.

복기하고 분석하고를 반복하다 보면 자신이 어디에서 틈이 생겼는지 알 수 있다. 나의 경우 어떤 일이 벌어지면 복기하는 것이 습관이 되어 있다. 분명한 것은 사회라는 정글에서 벌어지는 모든 활동에는 인간의식이 상승할 수 있는 수많은 깨달음이 존재한다는 것이다.

사람과 교류하면서 상대방이 나를 읽고 파악하려 할 경우 의도적으로 자신을 감추거나 약점을 숨기는 부분에 있어서 그 행위의 옳고 그름을 떠나 다른 방식으로 접근해볼 필요가 있다.

그 이유는 자신의 약점이라는 것이 누구나 시간을 두고 당신을 주의 깊게 관찰하면 쉽게 파악할 수 있기 때문이다. 따라서 굳이 읽히는 게 싫다면 먼저 자신의 약점을 파악하고 보완하고 고치려는 노력이 필요하다.

만약 내가 상대에게 읽힌다고 하더라도 상대의 트릭에 넘어가지만 않으면 문제는 없다. 따라서 속지 마라! 사람에게 속는 것은 자신이 어리석기 때문에 당하는 것으로 당신을 속이는 사람이 잘못된 것이 아니라 근본적으로 속은 당신이 잘못이다.

누군가가 나를 속이러 들어온다는 것은 상대 눈에 나의 틈이 노출되었다는 것을 의미한다. 바르게 분별하고 처신을 잘하면 나를 속이려는 사람은 쉽게 접근하지 못한다. 결국 나의 행위가 나를 속이려는 사람을 불러들인 것이다.

항상 자신의 행동패턴을 복기하고 분석하는 일은 중요하다. 이 사회를 살아간다는 것은 많은 체험을 한다는 것이며, 그 체험 속에서 의식을 상승시키는 것이 우리 인간의 임무이자 숙제이다.

분별력이 좋아지고 의식이 높아지면 다른 사람에게 읽혀져도 내가 쉽게 당하지는 않는다. 따라서 우리 모두 분별력을 갖추고 지적상승을 하기 위해서는 사람공부를 해야만 한다. 사람공부 안에 나의 공부가 들어있기 때문이다.

상대가 동정심으로 나오면 거절하라

당신들이 받아들이든 받아들이지 않든 간에 사람마다 급이 존재한다. 급수에 따라 사람은 구별되고 차별되며, 각각의 기운과 힘 즉 에너지 크기가 다른 것이다. 이것은 동물세계에서도 존재하며 가령 하이에나와 늑대 무리에서도 철저한 서열이 있다. 이 동물들은 사냥할 때도 서열에 따라 포지션이 정해진다. 하물며 인간이라고 다를 것 같은가? 약육강식의 짐승들만큼이나 치열한 곳이 인간세상이다.

급수가 높다는 것은
기운 즉 에너지가 강하고 좋다는 의미이다.
급수가 높다는 것은
어떤 난제를 해결할 수 있는 능력이 뛰어나다는 것이다.
급수가 높다는 것은
최대한 힘을 낼 수 있는 에너지 총량이 월등하다는 것이다.

일반적으로 사람들은 두 부류로 각각의 기운을 운용한다. 밖으로 발산하는 유형과 안으로 기운을 모으는 유형이 바로 그것이다 발산하는 스타일은 시원스럽게 보이고, 기운을 안으로 모으는 스타일은 외유내강형으로 구분되어질 수 있다. 주로 관료들에게서 보이는 스타일이다. 외유내강형은 겉으로 부드럽고 사람을 대하기가 편한 측면도 있지만 자신의 감정을 잘 드러내지 않으면서 내면의 기운은 세다.

대개의 경우 급수가 낮은 자들은 자신들의 에너지가 떨어진다. 기가 약하며 결단력과 추진력이 현저하게 떨어지고 남의 말에 쉽게 휩쓸리는 경향이 있다. 이 모든 것이 작용하여 '자존감'이 일반 사람들에 비해 낮은 경향을 보인다. 그런데 급수가 낮은 자들 중 일부는 이런 자신의 약점의 보완책으로 사람들을 대할 때 동정심을 본능적으로 사용한다. 즉 상대의 동정심을 유도하여 원하는 것을 이끌어낸다. 강자가 약자에게 당할 때의 전형적인 패턴이기도 하다.

우리가 세상을 살아가다 보면 계약과 거래를 많이 하게 된다. 이럴 경우 반드시 상대방의 동태(動態)를 살펴야 상대에게 당하지 않는다. 하물며 시장에서 물건을 사더라도 상인의 동태를 짧은 시간 내에 유심히 살펴보아야 한다. 손님에게 교묘하게 심리전을 펼치면서 동정심으로 호객행위를 하는 사람들이 종종 있음을 알 수 있다.

상대 심리를 이용하여 동정심으로 장사하는 자는 절대 많은 돈을 벌 수 없고, 상인은 신용과 정직으로 움직여야 많은 돈을 벌 수 있다. 어쨌든 중요한 점은 물건을 파는 자와 사는 자의 에너지가 서로 탄탄하면 그 거래는 신뢰할 수 있다. 따라서 누구와 거래를 하든 간에 자신의 기운을 잘 다스리면서 상대방의 동태와 기운 상태를 확인하는 습관은 꼭 가져야 한다. 방금 말은 머리에 새겨두는 것이 이롭다.

가령 어떤 상인이 강한 동정심으로 당신에게 물건을 권유하면, 현재 이 상인의 에너지는 불안정하므로 설령 당신이 싸게 구입하였다고는 하나, 돌아서서 따져보면 결코 싸게 구입한 것이 아니라 시장의 평균가격대 이상으로 구입하게 되는 일은 주변에서 자주 듣거나 겪는 일이다.

마찬가지로 큰 거래나 계약을 할 때도 상대방의 기운과 에너지 상태를 확인하면서 그의 언행을 유심히 살펴야 한다! 거래와 계약은 각자의 에너지를 주고받는 것과 같은 행위이다. 한쪽의 기운이 처지거나 떨어진다면 그 계약과 거래의 예후는 만족스럽지 않을 가능성이 현저하게 높아진다.

또한 계약과 거래를 협의할 때 상대의 언행이 당신을 교묘하게 흔들어놓거나 동정심과 기타 감정을 자극하면 그 계약과 거래는 무조건 접어라! 다른 사람을 알아보면 된다. 감정을 자극하거나 감정에 호소하는 자와는 절대 거래와 계약을 하면 안 된다.

직장인의 경우 업무상 갑 또는 을의 위치에서 일을 하게 되는데, 거래처든 혹은 동료든 간에 상대가 명확한 이유와 정확한 일처리 없이 당신에게 동정심을 호소하며 한번 봐달라고 할 경우 그의 말 그대로 정확히 딱 한 번만 봐줘라! 한번 봐준 뒤 이후 두 번째 호소가 들어오면 같은 실수가 반복될 가능성이 높기 때문에 분명하게 거절하는 것이 이롭다.

상대방의 에너지가 떨어진 상태에서는 그의 실력이 최상으로 발휘될 리가 없으며, 일 처리가 엉망일 확률이 높기 때문에 상대는 여러 가지 문제로 인해 당신에게 동정심으로 들어오게 된다.

그러나 한 번은 넘어갈 수 있겠지만 이것이 하나의 선례가 되어 그 사람이 업무상 실수를 다시 반복하면 대개의 경우 일전에 당신이 봐줬던 기억이 있기 때문에 그 사람은 다시 동정심으로 들어오게 된다. 만약 또 다시 동정심에 넘어가면 당신은 그가 해결하지 못한 일에 엮이고, 본격적으로 그 사람에게 끌려 들어가게 된다. 방금 말한 패턴은 거의 법칙과도 같은 것이니 상대방의 언행과 동태는 항상 살펴보아야 한다.

한마디로 사람을 파악하라는 것이다. 분명하고 명확한 거절은 일종의 자기 보호막과도 같다는 것을 명심하는 것이 이롭다.

또 다른 예를 들어보면, 만약 당신이 자동차를 구입하려 한다면 무조건 딜러의 언행(言行)과 동태(動態)를 유심히 살펴야 한다. 기운과 에너지가 탄탄한 딜러는 설레발을 치지 않고 당신에게 상당한 안정감과 신뢰감을 느끼게 만든다. 또한 감정을 건들면서 차를 구입하도록 교묘하게 구걸하지 않는다.

상대의 에너지 상태를 제대로 파악해야 올바른 선택을 할 수 있다. 딜러로서 성공할 가능성이 있는 사람은 그 특유의 자신감과 신뢰로 고객을 대하는 사람이라서 일단 그런 딜러와 계약을 하면 무리가 없다.

그러나 만약 촉이나 감으로 뭔가 설명할 순 없지만 이상하게 불안정하다고 느끼는 딜러와 차를 계약하면 차 뽑기에서 낭패를 볼 확률이 높다. 이것도 하나의 법칙이 있는데, 차 뽑기에서 문제 있는 차를 뽑은 사람은 자신과 딜러 모두 에너지와 심리가 불안정한 사람일 가능성이 높고, 서로의 불안정함이 불완전한 차를 당기는 원리이다. 운이 좋다는 것은 기운이 탄탄하다는 것을 의미한다.

불완전이 불완전을 당기는 원리를 좀 더 설명하면, 신차를 잘못 뽑으면 출고 초기부터 차량 정비소에 들락날락해야 하는 일이 벌어진다. 이 경우 어디에서 잘못되었을까? 1차적으로는 차를 구입하기 직전의 당신 에너지 상태를 봐야 하고, 2차적으로는 당신과 계약한 딜러를 봐야 한다. 딜러의 에너지 상태가 좋지 않고, 당신과 기운의 합이 맞지 않으면 주행 초기부터 말썽을 일으키는 차량을 뽑을 확률이 높다.

간단하게 예를 몇 가지 들어 설명하였는데 정리하자면, 계약이나 거래를 할 때는 반드시 상대를 살펴보아야 한다.

항상 상대를 살펴라! 계약과 거래를 할 때 상대가 동정심에 기대어 호소하거나, 혹은 뭔가 느낌이 좋지 않다면 그 계약과 거래는 접어야 한다. 따라서 계약과 거래를 할 때는 상대의 언행을 무조건 관찰해야 하고, 상대방이 너무 설레발을 치거나 혹은 심리적 동정심으로 당신을 대하면, 그 거래와 계약은 접는 것이 이롭다.

대학을 다니는 20대 초반의 젊은이들은 주위 친구가 당신에게 돈을 빌려달라고 할 경우, 소액이면 상관없으나 10만 원이 넘어가는 금액이면 가급적 빌려주지 마라. 친구를 잃을 가능성이 있기 때문이다.

만약 10만 원이 넘는 금액을 친구가 빌려달라고 할 경우, 그 순간 친구의 얼굴과 눈빛 그리고 동정심으로 호소하는지를 유심히 살펴보아라. 친구의 안색이 좋지 않거나, 그의 감정이 불안정하거나 혹은 동정심으로 호소하며 빌려달라고 간청할 경우, 돈을 빌려주면 절대 쉽게 돌려받지 못하고, 힘들게 돌려받을 가능성이 높다.

당장 돈이 급하고, 현재 에너지가 떨어지는 친구가 약속한 기일에 돈을 갚을 확률이 얼마나 되겠는가? 상대의 에너지 상태가 탄탄하지 않으면 그 사람이 약속한 기일 내에 돈을 갚을 확률은 떨어질 수밖에 없다. 그래서 상대를 잘 살펴야 하는 것이다.

또한 소액을 빌려주었는데 친구가 차일피일 미루면서 안 갚는다면 시간을 두면서 그 친구를 정리하여라! 그것도 반드시 정리해야 한다. 그 친구와 계속 친분을 유지해봤자 당하는 것은 바로 당신이다! 단 정말 수중에 돈이 없어서 '못 갚아서 미안하다'고 먼저 말하는 친구라면 일단 기회를 줘라.

그러나 몇 달이 넘어가는데도 갚지 않는다면, 그 친구에게 돈 받을 생각하지 말고 그 친구의 언행과 동태를 유심히 관찰하면서 어느 선을 넘으면 정리해라!

돈을 받으려고 애를 쓰면 오히려 치사한 인간이 되고, 그 친구는 주변 친구들에게 적반하장으로 당신을 욕하고 다닐 확률이 높다는 것도 꼭 기억해두길 바란다.

다시 본론으로 돌아와, 만약 어떤 거래나 계약을 할 경우 두 사람 중 을이거나 급수가 떨어지는 사람이 먼저 고개를 숙이게 되어있고, 그는 상대적으로 에너지가 약하기 때문에 계약, 거래 등에 집중하기보다는 당신에게 보이지 않는 마음을 움직이면서 동정심으로 들어오는 경우가 종종 있다.

이 경우 그 계약과 거래는 부실하거나 만족할만한 결과가 나오기는 어렵다. 사람은 심리적으로 내가 상대보다 에너지가 크고 급수가 높다는 것을 확인하는 순간, 방심할 확률이 높고 연이어 상대의 동정심에 쉽게 넘어가게 되는데 바로 이때 당신이 당하게 된다. 이런 순간이 감지되면 거래와 계약은 일단 멈추고 상대를 유심히 살펴보아야 한다.

에너지가 약한 자와 잘못 엮이면 당신은 일방적으로 그 사람에게 끌려들어간다. 거래와 계약은 쉽게 이행되지 않게 되고, 급기야 돈을 빌려주거나 투자해놓고 엎드려 절을 해야 돈을 돌려받는 상황이 초래될 수도 있다.

따라서 동정심을 쓰거나 동정심을 이끌어내려는 자는 조심해야 하고, 사람이 동정심을 이용한다는 것은 스스로의 기운이 약하다는 방증이기 때문에 이런 사람과 함께 일을 하면 위험부담이 크므로 무조건 살펴보고 조심해야 한다.

진짜 어려운 사람은 도와줘야 할 시점이 있다. 그런데 아무 때나 도와서는 절대 안 되고, 도와줘야 할 타이밍도 있다는 것을 잊지 말아야 한다. 상대를 도와줘야 할 타이밍보다 더 이른 시점에서 상대를 도우면 오히려 상대의 인생을 망칠 수도 있다.

따라서 젊은 친구들은 당장 눈앞에 보이는 남을 도우려는 생각보다는 당신들의 실력을 키우고 급수를 올려야 한다. 남을 돕는 것은 당신이 힘이 있을 때나 가능하다. 실력을 키워 나중에 힘을 갖게 되면 그때 바른 분별력으로 사람을 돕는 것이 정석이다.

사람에게 동정심으로 접근하지 마라

이번 글은 소위 '급수가 낮은 자'들을 위한 글이다. 듣기 싫을지는 모르겠으나 새겨두면 많은 도움이 된다. 급수가 낮다는 것은 자신이 쓸 수 있고 동원할 수 있는 에너지 총량이 낮다는 것이다. 사람에게는 보이지 않는 기운이 있고, 이것을 두고 '아우라가 좋다'는 등의 표현을 한다.

이 기운을 구성하는 요소는 다음과 같다.

> ① 부모의 수준, ② 집안 및 가문 수준, ③ 타고난 운, ④ 학력, ⑤ 예의범절, ⑥ 말하는 모양새, ⑦ 행동하는 모양새, ⑧ 양심, ⑨ 분별력, ⑩ 의지, ⑪ 실력, ⑫ 쾌활하고 긍정적인 마인드, ⑬ 남 탓하지 않는 마인드, ⑭ 지능, ⑮ 이타주의

위 에너지 구성요소는 내가 임의로 구분한 것이다. 대략 위의 15개의 항목 모두를 합쳐서 급수가 정해지고, 15개 각각의 에너지 질량이 합치고 모여져서 사람의 전체 기운으로 나타난다. 타고난 운, 지능, 자기 부모와 집안 수준은 태어날 때 이미 결정되는 것으로 제외하고, 나머지는 누구나 마음을 고쳐먹고 노력하면 갖출 수 있는 것들이다.

일반적으로 급수가 낮은 자들 중 자존감이 떨어지는 자들이 있는데, 이 사람들의 주요한 특징 중 하나는 상대로 하여금 동정심을 이끌어내는 재주를 가지고 있다. 자신의 에너지가 약하니 실력으로는 안 되고 그렇다고 문제 해결 능력도 떨어지니, 자신보다 높은 에너지를 가진 사람에게 순간 처량한 모습으로, 혹은 불쌍한 모습으로 상대의 동정심을 유발하여, 본인이 원하는 것을 얻는 버릇이 있다.

그렇다고 해서 이 사람들을 나쁘게 보거나 밉게 보지 않는다. 힘의 법칙상 어쩔 수 없이 발생할 수밖에 없는 행위이기 때문이다. 그러나 나는 동정심으로 들어오는 자에게는 절대 그가 원하는 것을 주지 않는다. '스스로 구하라!'라는 것이 나의 지론이기 때문이다.

불쌍한 것은 불쌍한 것이고, 그가 못 일어나는 것은 여러 가지 환경적 조건도 있겠지만, 근본적으로는 자신 탓이니 지금 당장 내가 도와준다고 해서 그 사람의 마인드가 바뀌는 것은 아니다. 내가 도와주면 그 사람은 또 다른 사람에게도 동정심을 유발하여 자신이 원하는 것을 얻으려는 버릇을 영원히 고칠 수가 없다.

나에게 동정심을 유발하여 내가 그를 불쌍히 여겨 도와주면 그 사람은 자신의 동정심이 먹혔다고 판단하여 다른 곳에 가서도 나에게 한 것처럼 똑같은 행위를 반복하게 된다. 나의 도움이 그 사람을 망치게 한 꼴이다. 동정심으로 들어오는 자는 절대 도와주지 마라! 아무도 안 도와주면 스스로 일을 할 수밖에 없다. 스스로 일 하고자 하는 노력이 보이고, 그 의지가 확연하게 보일 때도 도와주지 마라. 아직 때가 아니다. 스스로 살고자 하는 노력에는 반드시 시간상의 구간이 뒤따른다. 노력이 어느 정도 찼을 때 다음 단계로 넘어가게 되는데, 바로 그때 도와주어야 한다.

현 단계에서 바로 위의 단계로 넘어가는 것은 힘든 일이다. 현 단계에서 노력하고 실력이 차면 약간의 도움이라는 힘이 보태져서 보다 높은 단계로 넘어갈 수 있는 것이다. 사람을 도와주거나 끌어올려줄 때는 이 원리가 적용되어야 한다.

아울러 과하게 도움을 주지 마라. 반드시 약간의 도움만을 주어야 한다. 과하게 주면 그 사람을 망치게 된다.

사람을 만나보면 상대에게 동정심을 유발하게끔 제스처나 말을 하는 사람들이 종종 있다. 그럴 때마다 나는 그 사람을 유심히 살펴본다. 동정심을 유발하는 에너지적 구걸이 몸에 배었는지를 확인한다. 몸에 배었다면 절대 그의 말에 응대하지 않는다. 그리고 그 자리를 벗어난다.

가난하고 어려운 데에는 반드시 원인이 있다. 우리 사회가 무조건 돌보아야 한다? 그런 소리는 제발 하지 말기를 바란다. 우리 사회가 그들을 돌보는 데도 반드시 원칙이 있어야 한다.

일어서려는 의지와 노력을 보이는 자에게만 도움을 주어야 한다. 그게 아니면 대한민국 국민들이 내는 혈세가 무차별적으로 소모된다. 그것도 성과 없이 소모된다. 모든 일에는 에너지가 투입되는데 투입 대비 성과라는 것이 존재한다. 성과가 없으면 밑 빠진 독에 물을 붓는 일이다.

자신이 에너지가 약하다고 생각되거나 급수가 낮다고 생각되는 사람들은 다음 말을 명심해야 한다.

"사람을 대할 때 절대 상대로부터 동정심을 유발케 하지 마라!"

"매사 동정심에 호소하면 절대 성장하지 못한다!"

자신보다 급수가 높은 사람들에게서 좋은 에너지를 받으려면, 노력하고 최선을 다하는 자세를 보여줘야 제대로 된 에너지를 받을 수 있다. 말 한마디와 조언들, 그리고 방향 등 급수가 높은 자들이 건네는 말은 에너지가 크다. 즉 말에 힘이 있다는 것이다.

그러나 불쌍한 척 호소하고, 약한 척 어필하면 심성 착한 사람들은 도움을 줄지는 모르겠으나, 진짜 급수가 높은 자들은 절대 도와주지 않는다. 왜 그런 줄 아는가? 도와줘봤자 절대 변하지 않는다는 것을 본능적으로 알고 있기 때문이다. 당신들이 쓰는 잔머리 이상으로 급수가 높은 자들은 당신을 관찰한다. 어느 수준까지는 동정심에 호소하는 잔머리가 통할지는 모르나 과하면 반드시 화를 당한다.

따라서 자신이 낮으면 겸손해야 하고 노력해야 한다. 이것이 쌓이고 쌓이면, 당신을 눈여겨본 급수 높은 자가 다가오게 된다. 바로 그때 에너지 도움이 주어진다. 인연법에서 귀인이 들어오는 원리이다.

동정심에 호소하여 사람을 대하는 자는 절대 일어설 수 없고 오히려 그 사람에게 당신이 당할 수 있다. 이 말은 살아보면 처절하게 알 수 있으니 기억해두면 이롭다. 자비란 깨닫고 노력하는 자에게 베풀어야 하는 것이다. 베풀면 변화라는 결과가 드러나야 한다. 이것이 바르게 돕는 것이다.

누군가 어려움에 처했을 때는 그 상황을 객관적으로 보라

우린 인간은 인생을 살면서 많은 어려움을 겪는다. 그것이 무엇이든 간에 각자 해결해야만 하는 문제들이며, 때론 그 어려움들이 너무 고통스럽게 다가오기도 한다.

분명한 것은 그런 어려움이 자기 자신의 의식수준을 높여준다는 것이다. 연륜과 경험이 사람을 성숙하게 만들기 때문이다. 성숙하다는 것은 어떤 일을 직면했을 때 이전과는 다르게 매끄럽고 부드럽게 처리하는 것을 의미한다. 또한 오래전에는 이해가 되지 않는 일들이 지금에 와서는 이해가 되기 시작하는 것, 바로 이것이 자신의 의식이 높아졌다는 증거이다.

내 자신이나 혹은 주위 사람들 중 누군가 어려움에 처했을 때 우리는 과연 그 어려움을 어떻게 봐야 할까? 먼저 결론을 얘기하면 잘못된 행위에 대한 결과가 현재의 어려움이다!

따라서 어떤 사람이 어려운 일을 겪게 될 때는 그간 그 일을 진행함에 있어 뭔가 매끄럽지 못한 일처리가 있었고, 그 속에는 대부분 당사자의 무지와 욕심이 문제가 되어 일의 진행방향이 틀어져버리는 일이 발생한다. 그래서 위기나 어려움이 찾아오게 된다.

우리 인간은 사면초가에 처했을 때 주변 사람들에게 어떻게 말을 할까? 철저하게 자신에게 유리한 쪽으로 변명한다. 이것은 거의 본능이라고 보면 된다. 돌이켜 보면 나도 오래전 내가 잘못 행한 일을 나에게 유리하게 변명했던 적이 있었고, 나 아닌 다른 사람을 탓한 적도 있었다.

그러나 어느 날 생각을 해보았다. 그 사건의 처음부터 끝까지! 분석에 분석을 거듭하다 보니, 나의 무지와 욕심이 결합되어 어느 특정 시점에서 문제가 발화하여 이후 일이 엉망으로 전개되었다는 것을 이해하게 되었다.

마찬가지로 주변에 어려움에 직면한 사람들은 내가 그랬듯이 똑같은 전철을 밟고 있다고 해도 과언이 아니다. 따라서 어떤 사람이 감정으로 호소하거나 자신의 처지를 쉼 없이 얘기할 때 그 얘기를 듣되 그 사람에게도 분명한 잘못이 있다는 것을 파악할 줄 알아야 한다. 인간세상에서 벌어지는 사건과 일이란 철저하게 인과(因果)를 기반으로 벌어진다. 즉 그냥 일어나는 일은 결코 없다는 뜻이다.

만약 현재 자신이 처한 상황이 안 좋다면, 그 상황이 발생한 맨 처음 시점부터 지금까지의 전개과정을 훑어보아야 한다. 그리고 인과를 중심으로 분석을 해보아야 하고, 인과에 따른 결과는 자신이 받아야 한다.

이 논리를 전제로 자신을 살펴보면 편파적으로 분석하지 않는 이상 자신의 잘못과 문제점은 반드시 드러나게 된다. 자신의 과오를 깨달았으면 현재의 상황을 타개하기 위해서는 많은 에너지 손실이 불가피하고, 그것을 있는 그대로 받아들일 때 크게 깨닫고 의식이 상승할 수가 있다.

우리 인간은 어떤 안 좋은 상황에 처했거나 좋지 않은 일을 당했을 경우 그 상황을 타개하기 위해서 반드시 원인을 살펴보고, 수습을 위해 결국 원점에서 다시 시작해야 하는 경우가 간혹 있다. 원점으로 돌아가서 다시 시작한다는 것은 절대 쉬운 일이 아니다. 또한 원점으로의 회귀는 그간 자신이 해온 일이 잘못되었다는 것을 인정하는 것이기 때문에, 이런 현실 자체를 받아들이는 것은 어려운 일이다.

따라서 마음속 깊은 곳에서는 자신이 문제였다는 것을 어렴풋이 인지하면서도 주변을 탓하는 방어적 본능이 나온다. 나도 이런 과정을 겪었고, 또 이해하기 때문에 자기 방어적 본능에 대해서는 크게 문제 삼지 않는다. 다만 현재의 난국을 벗어나려면 과연 무엇을 해야 하는지에 대해 관심을 가질 뿐이다.

누가 어려움에 처했을 때는 그 상황을 객관적으로 보아야 한다. 먼저 남을 함부로 도와서는 안 되는 것이다. 사람이 어려움에 처했을 때는 근본적으로 자신의 무지와 욕심 때문에 벌어진 것이므로 그것을 누군가 도와준다고 개입했을 때 그 사람은 도와주는 것이 아니라, 역으로 당사자의 잘못과 무지를 더욱 증폭시키는 결과를 낳을 수도 있다.

따라서 남을 도울 때는 반드시 시와 때라는 것이 있고 언제 어떻게 도와야 그 사람이 일어설 수 있는지 분석해보아야 한다. 그렇다면 남을 돕는다는 일이 결코 쉬운 일이 아님을 알게 될 것이다. 기부나 성금을 내는 것은 누구나 할 수 있는 일이라 제외한다.

자신을 포함하여 그 누군가에게 닥친 어려움은 일차적으로는 스스로 불러들인 것이고, 그 어려움을 어떻게 바라봐야 하는지가 중요한데 한국인 특유의 정(情)으로 불쌍하다고 함부로 접근하지 말라는 얘기이다.

그보다 먼저 어떤 사람이 어려움에 처했을 때는 그 사람의 이야기를 들어보고 분석해보면, 그가 처한 어려움은 결국 그가 스스로 불러들였다는 사실을 이해할 수가 있다. 자업자득의 원리를 모르고 살아가면 당신은 정말 난감한 사람이 된다.

모든 사건과 일에는 철저히 원인이 있고, 그 최초 원인의 주체, 즉 당사자들의 무지와 욕망, 욕심에 따라 결과는 달라진다. 무릇 모든 일은 과도한 욕망과 욕심으로 시작하면 결과는 당연히 안 좋을 수밖에 없다. 설사 당장에는 결과가 좋더라도 중간 과정에서 잘못 행한 행위에 대한 결과는 쌓이고 쌓여 다음 단계에서는 반드시 사건으로 터지게 된다. 이것이 잘 나가다가 추락하는 사람들의 전형적인 패턴이다.

현재 자신이 처한 어려운 상황에는 자신의 문제점들이 고스란히 다 들어가 있다. 즉 누군가가 현재 어려운 상황에 직면했다는 것은 외부의 환경적 요인도 있지만 당사자의 생각이 잘못되었다는 것을 보여주는 전조이기도 하다. 따라서 누군가에게 감당하기 어려운 일이 생겼을 때는 바로 동정심으로 접근하는 것이 아니라, 그 일이 그 사람에게 왜 생겼는지 먼저 일의 전후를 객관적으로 살펴보아야 한다.

한국사회는 어떤 사건이 터지면 그 사건의 인과를 보지 않고 결과만을 보는 습성이 있어서, 강한 사념을 생성시켜 많은 이들이 동조하고 휩쓸리는 경향이 많다. 모든 사건과 사고는 감정으로만 대응하여 해결할 수가 없다. 그 인과를 살펴보고 근본적인 해결책을 얻기 위해 접근해야 한다.

따라서 누군가가 어려움에 처했을 때는 그 상황을 냉철하게 객관적으로 보아야 한다. 또한 자기 자신이 어려운 상황에 처했을 때도 현재의 상황을 냉철하게 분석해야 한다. 만약 제대로 분석했다면 자신이 처한 상황은 자신이 초래한 일이라는 것을 이해할 수 있다. 난국의 타개는 여기에서 시작한다.

피해의식으로 사람을 대하지 마라 ①

사람에게 시련이 닥치면 반드시 그전에 전조가 나타난다. 이때 알아차리지 못하면 당하게 된다. 스스로에게 눈이 밝은 사람은 일의 진행 속에서 그 결과를 직감으로 미리 알 수도 있다.

자신이 직면하고 있는 모든 상황은 스스로 불러들인 결과이다. 피해의식을 가지고 있는 사람이 있다면 오래전 스스로 불러들인 결과를 아직 받아들이지 못하는 사람이다. 피해의식은 철저하게 자신이 약해서 생겨나는 열등감이다.

열등감에서 벗어나고 피해의식에 휩싸이지 않으려면 실력을 키워야 한다. 실력은 노력을 통해 이루어지는 것이므로 이 또한 만만찮은 과정이다. 노력하지 않는 자가 피해의식을 가지고 있다면 그 사람은 반드시 피해야 한다. 그 사람은 피해의식을 가지고 있어서 자극을 받으면 언제든지 사람을 공격할 수 있기 때문이다.

피해의식이 있는 사람은 자신의 열등감에 관한 것들을 조금이라도 건드리면 바로 공격성을 보인다. 열등감과 감추고 싶은 사실이 드러났기 때문인데, 못난 사람들의 전유물과도 같은 것이다. 자신이 못나서 스스로 열등감을 불러일으켰는데 역으로 상대를 공격하면 정말 못난 사람이다. 또한 피해의식을 건드리는 사람도 문제지만 피해의식을 느꼈다고 남을 공격하거나 비난하는 것도 심각한 문제이다. 열등감이 느껴지면 자신의 실력이 모자라는 것을 알려주는 시그널이니, 현재 자신의 상황을 다시 살펴보고 문제점을 잡아나가야 한다.

만약 이 글을 보는 사람들 중 피해의식을 가지고 있는 사람이 있다면 당신의 그 피해의식으로 인해 당신이 얼마나 많은 손해를 보고 있는지를 알아야 한다. 당신이 하는 언행과 허세는 관찰력이 있는 사람이라면 누구나 꿰뚫어볼 수 있다. 따라서 솔직하지 못하면 반드시 약점을 들키게 되어 있고, 연이어 감정 에너지 조절능력을 상실하여 조그마한 외부자극에도 변덕과 분노가 터져 나오면서 순간 남들이 이해하기 어려운 행동들이 나오게 된다.

이런 것들이 더 심해지면 대인관계에서 장애가 발생하게 되고 급기야 사람들과 섞이지 못하는 최악의 상황에 직면하게 된다. 결국 피해의식이란 '감정'의 문제이다. 지금 현재는 내가 남보다 못하다는 사실을 인정하고 받아들여야 한다. 그래야만 노력해야 하는 당위성을 스스로 갖게 된다.

어른들이 가끔 이런 말씀을 자식들에게 한다.

"뭐가 못나서 그런 꼴을 겪고 당하니?"

내가 보기에는 못났기 때문에 그런 꼴을 겪고 당하는 것으로 판단한다. 이 경우 부모도 연대책임에서 자유로울 수 없는데 평소 자식의 감정을 제대로 살펴보지 못한 죄가 있다. 유년기와 청소년기에 겪는 피해의식은 주로 성격 문제로 인한 '왕따'와 '빈부격차'가 대표적이다. 부모가 자식의 감정을 다듬어주지 않으면 자식에게 피해의식이 생기게 된다.

가난해도 미래를 보고 열심히 사는 부모의 자식은 대체로 당당하고 모가 나지 않는다. 그러나 가난하면서 신세한탄을 하는 부모의 자식들은 상당한 피해의식을 겪게 된다. 결국 피해의식은 부모와 연대적인 측면이 강하다.

반대로 급수 차이로 인한 피해의식도 존재하는데, 어떤 사람들은 잘사는 집안 친구들을 만나거나 사귀게 되면 상당한 위화감을 느끼기도 한다. 이런 경우에도 자신의 처지에 대한 열등감이 발동할 가능성이 높다. 급수 낮은 자가 급수 높은 자를 만나거나 친구로 사귀는 것은 자신에게는 대단한 사건일 수도 있음을 알아야 한다.

그 이유는 급수 높은 자가 당신에게 발전할 수 있는 계기와 동기를 만들어줄 수도 있기 때문인데 알 수 없는 묘한 열등감이 생겨나면 '너도 노력해서 발전하라'는 시그널로 받아들여야 한다.

또한 자신보다 높은 급수의 사람을 만나면 항상 관찰하고 분별하는 습관을 가지면 자신에게 이롭다.

"왜 저 친구는 좋은 집안에 태어났을까?"
⇨ 이유가 있다. 스스로 연구 분석해보아야 한다.

"왜 저 친구는 외모도 좋고 사귀는 사람들도 급이 높을까?"
⇨ 이유가 있다. 스스로 연구 분석해보아야 한다.

"저 친구는 무슨 일을 하였기에 저런 호사를 누리면서 살까?"
⇨ 이유가 있다. 스스로 연구 분석해보아야 한다.

"나와 저 친구의 차이는 왜 나는 것일까?"
⇨ 차이가 있고 이유가 있다. 스스로 연구 분석해보아야 한다.

만약 당신이 피해의식이 있다면 특정 부분에서 당신이 약하다는 증거이다. 즉 약하다는 것을 피해의식으로 알려주는 것이다. 이 경우 노력하여 극복하라는 경고이기도 하다. 우리 인간은 기운을 감지할 수 있는 하나의 감각기관이다. 자신의 약점은 스스로가 알고 있고 또한 알 수 있다.

또한 실력이 있는 친구들을 만나면 스스로 위축되는 사람들이 있는데 당신의 실력을 키우라는 신호로 받아들이지 못하고 엉뚱하게 피해의식을 일으키는 사람들이 많다. 솔직히 말하자면 못나서 그런 짓을 하는 것이다.

항상 남과 자신을 비교 관찰하고 그 차이가 어디에서 나는 것인지 살펴보는 자세를 가져야 한다. 그렇게 해야만 자신의 약점을 강점으로 변화시킬 수 있고, 자신이 안고 있는 척박한 환경을 좋은 환경으로 변화시킬 수 있다. 이 모든 것은 노력하고 실력을 갖추어야만 가능한 일이다.

피해의식으로 사람을 대하지 마라! 만약 강한 피해의식으로 사람을 대하면 못나고 약한 사람이라고 스스로 인증하는 꼴이니, 못난 모습을 보이지 말고 당신의 실력을 키울 생각을 해야 한다.

반면에 피해의식이 없는 평범한 사람들은 피해의식이 많은 사람을 가급적 멀리해야 한다. 친구 중에서도 행여나 피해의식이 있는 사람이 있다면 조금 거리를 두는 것이 이롭다. 그 이유는 열등감과 피해의식이 심한 사람은 감정이 상하면, 순간 주체할 수 없는 감정 에너지가 돌면서 주변 기운을 일순간 붕괴시키기 때문인데 당신에게도 피해가 가기 때문이다. 모난 놈 옆에 있으면 돌 맞는 것과 같은 원리이다.

열등감이 있다면 노력하여야 한다. 열등감은 당신이 약하다는 표식이니 열심히 노력하고 실력을 갖추길 바란다.

피해의식으로
사람을 대하지 마라 ②

내가 피해의식과 관련된 글을 쓰는 것은, 사람들이 피해의식으로 인해 스스로 화(禍)를 자꾸 불러일으키기 때문에 결코 자신에게 이롭지 않는 일이라는 것을 강조하기 위함이다. 피해의식은 거짓말을 일으키고, 거짓말은 거짓말이 보태어져 나중에는 주워 담을 수 없는 일이 벌어지기에, 거짓말의 당사자는 인성과 성격이 더 나빠지고 결국에는 고립을 자초한다.

고립이란 사람들과 더 이상 어울릴 수 없는 지경을 의미하며 자신에 대한 나쁜 평판은 결국 자신을 죽이게 된다. 따라서 자신에 대한 나쁜 평판은 나를 일깨워주는 시그널로 받아들이면 된다. 만약 그것을 수치스러워하거나 혹은 그 평판에 저항하면 더욱 고립된다.

고립된다는 것은 사람들이 나를 더 이상 상대해주지 않는다는 것을 뜻한다. 이 경우 새로운 피해의식이 보태어져 자신의 기운은 더욱 위축된다. 위축된 기운상태에서는 상대의 말을 잘 알아들을 수 없는 것이 공통의 특징이다. 감정이 불안정하기 때문에 기운이 산만하게 되고 결국 상대와의 대화도 어려워진다. 이후 히키코모리(은둔형 외톨이)에 준하는 상황까지 치달을 수도 있다.

예를 들어 가정형편이 어려워서 혹은 가정사가 복잡하거나, 자신의 비밀이나 수치스러운 일이 있어서 사람들에게 숨기고 싶은 경우, 이 경우에도 피해의식을 가지고 있다고 보면 된다. 또한 공부가 뜻대로 되지 않거나 자신이 스스로를 보아도 초라하다고 느낄 경우, 남들과 비교하는 순간 열등감이 나오면서 자기감정을 제어하지 못하는 사람들도 마찬가지이다.

피해의식과 열등감을 극복하는 대표적인 방법은 2가지가 있다.

① 스스로 부족한 부분을 노력해서 실력을 갖추는 것
② 솔직하게 털어놓는 것

사람들은 자신이 감추고 싶은 사실이 있으면, 상대와 대화를 하다가 거의 본능적으로 순간 거짓말을 하게 된다. 이 경우 거짓말의 의도 자체는 나쁜 것은 아니나 문제는 그 거짓말이 당신의 다음 행보에 장애로 작용할 때 문제가 되기 시작한다. 피해의식에서 나온 거짓말은 무조건 100% 자신의 덫이 된다. 스스로 쳐놓은 덫에 자신이 걸리는 것이다.

예를 들어 부모님의 직업이 변변치 않은 젊은이의 경우, 때에 따라선 부모님의 직업에 대해 상대에게 얘기하기가 꺼려지게 되는데 상대가 묻지 않으면 굳이 먼저 솔직하게 얘기할 필요가 없다. 문제는 상대가 자신에게 "부모님은 뭐 하시는 분이냐?"고 물었을 경우 순간 당황하면서 망설이게 된다. 바로 이때가 거짓말과 진실의 기로에 서는 상황이다. 이 지점에서 말을 바르게 해야 한다. 이 경우 대답을 하지 않거나 애매하게 말을 하면 상대는 의문을 갖거나 당신에 대한 이미지가 조금은 흐려지는데 당신이 감추기 때문이다.

우리 인간은 하나의 감각체이기 때문에 상대가 감추면 본능적으로 느낄 수 있다. 인간은 자신을 감추는 사람을 본능적으로 밀어내는 특성이 있다. 이것은 상대를 파악할 수 없기 때문에 일단 위험하다는 신호를 육감과 마음에서 무의식중에 인지하고, 뇌에서 그간 겪었던 경험들을 토대로 반사적으로 상대를 밀어내는 원리이다.

누군가와 대화를 할 때 상대의 감정선에 집중하고 그 에너지를 따라 들어가다 보면 감정이 격해지는 구간이 있다. 이때 상대를 유심히 살펴볼 필요가 있다. 감정선이 흔들린다는 것은 자신이 드러내고 싶지 않은 비밀에 접근하였다는 신호와 같고, 그 순간 서로 보이지 않는 긴장이 흐를 수가 있다.

대화할 때 가급적 솔직하게 얘기를 하면 뒤탈이 없고 에너지 순환이 잘 이루어지나, 감정이 흔들리고 갈등하다 거짓을 얘기하는 순간 대화하는 분위기는 서서히 역류되어 막혀버린다.

거짓말을 하는 순간부터는 조금 전과는 전혀 다른 파동이 전해온다. 자신이 한 거짓말의 수위에 따라 스스로 친 덫의 강도는 세어지고, 시간이 흐르면 결국 진실은 밝혀지므로 스스로 화를 부른 격이다.

따라서 대화를 할 때 가급적 솔직하게 얘기를 하면 뒤탈이 없고 에너지 순환이 깔끔하게 전개되나, 거짓을 얘기하는 순간 상대와 에너지는 역류되어 막혀버린다. 이후 거짓말을 하였기에 다음에 그 사람을 만나도 뭔가 어색하고 찜찜하다.

예민한 부분을 감추려고 하면 할수록 최초 거짓말로 역류된 에너지는 당신을 치게 된다. 나중에는 역류된 에너지를 포함하여 거짓말이 계속 불어나 결국 그 사실을 안 사람들이 당신을 밀어내게 된다. 이때 우울한 감정과 자책 그리고 부끄러움이 당신의 기운을 완전하게 붕괴시킨다.

이후 자신감 결여와 대인관계의 두려움이 일어나게 된다. 연이어 사람들을 강하게 의식하게 되고, '남들이 나를 어떻게 볼까?'라는 생각에 사로잡혀 정신을 못 차리게 된다.

그래서 상대와 대화를 할 때 예민한 부분에 대한 질문을 받았을 경우 참으로 용기를 내어야 하는 일이지만 가급적 솔직하게 대답하는 것이 이롭다는 것을 알아야 한다. 이때 용기를 내지 않으면 거짓말은 또 다른 거짓말을 낳는 악순환의 사이클에 걸리게 된다.

한번 악순환의 사이클에 걸리면 수년을 가게 되고, 그 수년 내에 당신의 거짓말은 반드시 들통이 난다. 즉 사람들이 눈치를 채기 시작한다는 것이다. 일단 들통이 나면 다시 위축되고 자신감은 떨어지게 되어 삶이 조금씩 망가지기 시작하는데, 최초 피해의식으로 시작하여 추가적인 피해의식이 덧붙여져서 급기야 우울증이 덮칠 수가 있다.

피해의식이 있는 사람들은 대체적으로 사람들과의 대화가 어렵다. 피해의식이 대화 주제의 다양한 영역을 원천적으로 한정시키기 때문이다. 자신의 피해의식이 자리 잡고 있는 영역은 본능적으로 피하고 싶기 때문에 대화가 되지 않는다.

또한 피해의식이 있는 영역은 또 다른 영역과 직간접적으로 연결되어 있기 때문에 대화의 폭은 넓지 않다. 그러면 상대방은 이내 답답함을 느끼고 그 답답함은 피해의식을 가지고 있는 사람에게 투영되어 답답한 사람 혹은 예민한 사람이라고 단정하게 된다. 이럴 경우 피해의식을 가지고 있는 사람은 대인관계가 더 나빠지고 그 스트레스가 결국 자신의 몸을 치게 된다. 또한 강한 피해의식을 가진 사람들은 몸과 마음이 극도로 예민해지면서 병을 불러온다.

일차적으로 신경쇠약이 자신의 몸을 서서히 죄여오는데 병을 탈출할 수 있는 방법은 자기 안에 쌓아놓은 금기된 사실들을 밖으로 배출하면 된다. 쉽게 설명하자면 사람들에게 솔직하게 다가가고 솔직하게 얘기를 하면 된다. 그러나 대화를 하는 도중에 상대가 묻지 않는데 당신이 먼저 털어놓을 필요는 전혀 없다.

명심하라! 상대가 묻지 않는데 굳이 털어놓아서는 안 된다. 오히려 그 의도를 의심받을 수도 있고, 상대가 당신의 비밀을 약점으로 잡고 비방할 수 있기 때문이다. 대화 도중에 질문이 오갈 때 자연스럽게 얘기하는 것이 좋다.

우리 인간은 서로 대화를 하면 자신 혹은 상대의 약한 부분으로 자연스럽게 대화주제가 넘어가는 특징을 가지고 있기 때문에 그런 얘기가 나오면 가급적 솔직하게 대답하면 이롭다.

에너지는 자신의 가장 약한 곳으로 흐르는 원리에 의해 결국 자신이 감추고 싶은 사실들로 주제가 자연스럽게 넘어가게 된다.

피하지 말고 조금은 용기를 내어서 사람을 대할 필요가 있다. 피해의식을 쌓아두면 주변을 치고 자기 자신을 치면서 결국 고립을 자초하기 때문이다. 또한 부모가 피해의식이 많을 경우 그 폐해는 고스란히 자식에게 넘어간다. 부모의 카르마가 자식에게 내려가는 것으로 카르마의 대물림이기도 하다.

피해의식을 가지고 있으면 자신감 있는 인생을 살 수가 없고, 평생 동안 그 피해의식 속에서 살게 될 확률이 높다. 처음에는 부끄럽고 용기 내기가 어렵겠지만 가급적 있는 그대로 얘기를 하면 피해의식이 조금씩 사라지게 되는 것을 느낄 수 있다. 물론 말처럼 쉬운 일은 아니다. 그래도 극복해야 한다. 각자만의 피해의식 속에 각자의 카르마가 내재되어 있는 경우가 많다.

우리 인간은 하나의 에너지체이기 때문에 상대가 숨김과 감춤이 없이 자연스럽게 다가가거나 다가오면, 크게 밀어내지 않고 어느 정도 허용해주는 에너지적 특성을 가지고 있다. 이 원리를 잘 이해하고 받아들인다면 방금 내가 한 말을 믿고 이제부터라도 사람들을 대할 때 용기를 내어 솔직하게 답변을 해보면 당신에게 이롭다는 것을 느낄 수 있을 것이다.

실력은 없으면서 자존심만 세면 일이 안 풀린다

우리 주위를 돌아보면 자존심이 아주 센 사람들이 많다. 한국인들은 대체로 자존심이 세고 남들에게 보이는 면을 중요하게 생각한다. 기본적으로 자존심이 센 사람은 본인 스스로에게도 피곤하고 남들에게도 피곤한 스타일이다.

사람이 나이가 들어가면 자존심을 내세우는 강도는 약해져야 한다. 지나온 세월이 인생을 알게 하고 폭넓은 인식의 변화를 가져오기 때문에 잘못된 자존심은 자기 자신을 치고, 남도 친다는 것을 알아야 한다. 나이가 든다는 것은 대인관계에 있어서 보다 유연하고 세련되어져 간다는 의미도 내포되어 있다. 그래서 연륜 있는 자는 일처리가 매끄럽고 주변의 움직임을 잘 이해한다. 결국 의식수준이 높아졌음을 뜻하기도 한다.

나의 경우 누군가와 대화를 할 때, 내가 모르는 주제가 나오면 솔직하게 '잘 모른다!'고 얘기를 해버린다. 아울러 내가 그 주제에 관심이 생기면 상대에게 설명을 해달라고 요청한다. 자존심을 내려놓고 잘 모르겠으니 솔직하게 알려달라고 요청하면 정말 편하다. 어떤 일이든 간에 그 일에 대해 잘 아는 사람이 떠들어야 하고 모르는 사람은 유심히 귀를 열고 들어야 한다.

한국인들은 자존심이 참으로 강한데 그 자존심이 때로는 자신을 죽이기도 하고 자신을 빛내기도 한다. 자존심에는 양면성이 존재한다. 자존심 때문에 내가 죽거나 내가 살거나 한다. 따라서 실력을 갖추고 자존심을 부려야 한다. 실력은 없으면서 자존심을 부리는 사람들이 의외로 너무 많은 세상이다.

스스로를 소중히 여기는 마음이 자존심이고 자신은 존엄하고 존귀하다는 것이 자존심이다. 자신을 소중히 여기는 것은 좋으나 소중한 만큼 내세울 것이 있어야 한다. 그것이 무엇이든 간에 사람들에게 내세울 만한 그 무엇이 반드시 있어야 한다.

내세울 게 없으면서 허세를 부리면 "쥐뿔도 없는 게 자존심만 부린다!"고 욕을 먹게 된다. 최소한 없이 살아도 남에게 아쉬운 얘기를 하지 않고 살 수 있으면 내세울 것이 있는 것으로 나는 간주한다. 인생을 당당하게 살아왔다면 그 자체가 자존심이 내포된 것이라 할 수 있다.

그러나 우리가 어떤 일을 겪을 때 일순간 감정과 마음을 잘 다스리지 못하면 자존심이 불거져 나와 일과 대인관계를 망치는 경우가 많고, 당당하게 살아온 사람조차 어떤 일과 사건에 엮여서 자존심 하나 때문에 무너지는 경우도 간혹 볼 수 있다.

일반적으로 자존심이 발동하는 주요 요인 중 하나는 바로 돈과 관련된 것들이다. 가령 나름 열심히 인생을 살아왔어도 지금 현재 자신이 돈이 없으면 바로 자존심과 부딪친다. 이런 연유로 가난과 빈천은 돈을 끌어모으는 원동력이 될 수 있다. 가슴 속에 너무 한(恨)이 지면 그 한이 맺혀서 사람을 독하게 만들기 때문이다.

자존심을 유지하려면 자신이 몸담고 있는 분야에서 반드시 실력을 갖추어야 한다.

실력은 스스로 쌓아올린 자신의 능력치이다.
스스로 노력하여 쌓아올린 실력은 어디 가지 않는다.
그래서 고스란히 자신만의 자부심으로 남게 된다.

실력 없는 자가 자존심이 상하면 그 자존심을 회복할 길이 없다. 지금까지 이루어 놓은 것이 없기 때문에 자존심을 만회할 만한 능력이 없는 것과 같다. 실력은 없고 자존심만 셀 경우, 남을 비난하거나 물어뜯을 확률이 높다.

따라서 실력은 없으면서 사회를 탓하고 세상을 탓하는 사람이 주위에 있을 경우, 가급적 그 사람을 멀리하라. 당신에게 절대 이롭지 않는 사람이며, 뒤돌아서면 당신도 물어뜯길 수가 있다. 사람을 사귀려면 나보다 조금 나은 사람, 나보다 급수가 조금이라도 높은 사람을 만나야 내가 발전할 수 있다.

혹시 실력은 없고 자존심만 강한 사람들의 얼굴을 유심히 살펴본 적이 있는가? 당신들 주위에 이런 사람들은 얼마든지 있으니 한번 떠올려보라. 그리고 그 자의 얼굴을 떠올려보라. 또한 그 자의 기운을 떠올려보라. 뭔가 불안정한 느낌이 들 것이다.

실력은 없으면서 자존심만 세면 절대 일이 풀리지 않는다. 우리 인간은 살면서 매번 처리해야 할 일들이 다가오는데 실력이 없으면 자신에게 닥친 문제들을 해결할 길이 없다. 자신의 문제를 해결하지 못하면 남의 힘을 빌려야 한다.

더군다나 해결도 못하면서 자존심만 세면 하는 일마다 되는 일이 없는 사람일 가능성이 높다. 만약 하는 일마다 되는 일이 없는 사람이 있다면 이 자는 반드시 보이지 않는 문제점을 가지고 있는 사람이니 주위에 이런 사람이 있다면 유심히 관찰해보길 바란다.

실력을 갖추고 정확한 분별로 처신하고 일을 벌이면 성공 가능성이 높다. 반면 하는 일마다 되는 일이 없다는 것은 상당한 하자가 있다는 것과 같다. 마인드는 물어볼 필요도 없고, 고집 세고, 자존심은 당연히 세며 실력은 당연히 없다.

따라서 현재 자신을 둘러싸고 있는 환경들이 어렵거나 혹은 자신이 맞이하고 있는 일들이 해결하기 어렵다면 그 문제의 원인은 본인에게 있음을 이해하고, 자신의 그간 행적과 언행을 차분히 복기, 분석할 필요가 있다.

나도 오래전 나를 자책하고 내 주변을 원망한 적이 있었다. 내가 일이 풀리지 않았던 것은 여러 환경적 요인과 상황이 있었겠지만, 사실 따지고 보면 환경적 요인과 상황 자체도 내가 선택한 것이었고, 내가 알고 들어간 것이었기에 모든 것이 철저하게 나의 탓이었다. 몇 번의 경험과 실패를 통해 나를 분석하고 원인을 잡고 나서야 남 탓을 하지 않기 시작했고, 이후 나는 변하기 시작했다.

나는 2-30대 때 이런 원리를 몰랐었다. 지나온 세월을 돌아보면 세상은 자애롭게도 항상 나에게 미리 시그널을 주었다. 내가 부족하거나 모자라면 자존심을 내세우지 말고 실력을 갖추라고 사람들을 통해 알려주었고, 단지 내가 무지해서 몰랐던 것이다.

현재 자신이 가지고 있는 에너지가 약한 사람들은 살면서 남들에게 부딪치며 무시당할 확률이 조금 있을 것인데, 내가 남에게 업신여김을 당하면 부족한 부분을 채워서 두 번 다시 당하지 말라는 시그널로 이해해야 한다. 그러나 바로 그때 쓸데없는 자존심이 동하면 일과 인간관계는 파탄이 나는 것이다. 실력이 없으면서 자존심만 내세우면 일이 안 풀린다.

실력이 있는 자는 자존심을 부리지 않는다. 다만 순리를 따를 뿐이다. 순리대로 움직인다는 것은 에너지 흐름을 타는 것과 같다. 이것도 내외면의 힘이 있어야만 할 수 있는 일이다. 그래서 어느 분야든 간에 실력 있는 사람들은 판세를 잘 본다. 제대로 된 준비와 대비는 판세를 정확하게 볼 줄 알아야 나올 수 있는 것이다. 따라서 우리 모두 실력을 키워야 한다.

결혼 인연

Q. 사람은 결혼할 인연이 정해져 있는 건가요?

큰 범주 내에서는 정해져 있다고 볼 수 있다. 성격, 성향, 카르마, 재물 크기, 급수, 직업군이라는 큰 범주 내에서 만날 사람은 만나고, 다만 사람은 다를 수 있으나 범주 내에 포함되는 구성요소는 거의 동일하다. 다시 말해 내가 만나야 할 사람의 특징들은 정해져 있다고 볼 수 있다. 특히 자신의 카르마 기운에 상응하는 상대가 강하게 당겨져 들어온다.

Q. 이미 정해져 있는 사람 말고 다른 사람과 결혼할 수는 없는 건가요?

결혼할 수 있다. 당신이 이번 생에 운명적으로 A라는 사람과 결혼 인연으로 세팅되어 있다고 가정하자. 그런데 당신이 B라는 사람과 결혼을 하였다. 이 경우는 어떻게 될까? 당신은 B라는 사람과 이혼하고, 결국 A라는 사람과 결혼을 할 확률이 높다. 이해하겠는가?

Q. 그럼 예를 들어 세 번 결혼하는 사람은 어떻게 되는 건가요?

어떤 남성이 A, B, C라는 세 명의 여성과 순서대로 결혼하였다고 가정하자. A라는 여성과 결혼하고 이혼하고, B라는 여성을 만나 결혼하고 이혼하고, C라는 여성을 만나 결혼을 했을 경우, 이 남성은 이번 생에 3명의 결혼인연이 있다고 봐야 한다. 즉 배우자 인연으로 3명이 설정되어 때가 되면 만나는 과정으로 이해할 수 있다.

사람에 따라 여러 명의 배우자와 결혼을 하는 케이스가 많은데, 맨 마지막 C라는 여성을 만나기 위해 A와 B의 여성을 거쳐온 것이다. A와 B를 만나지 않고서는 C 여성을 절대 만날 수가 없다.

Q. 결혼은 꼭 해야 하나요?

인연의 원리로 접근하면 결혼은 꼭 해야 하는 것이 아니라 태어날 때 결혼운을 가지고 나왔으면, 때가 되면 결혼을 하게 된다고 이해하면 된다. 결혼시기가 오기 전까지 당신은 결혼 생각이 없을 수도 있다. 그러나 배우자감이 등장하면 서로 에너지를 주고받으면서 기운이 감응하고, 결국 결혼을 하게 될 확률이 높으니 지금은 결혼 생각이 없더라도 결혼시기가 도래하면 결혼을 하게 된다.

사람에 따라서 결혼이 아주 많이 늦는 사람, 즉 결혼운이 늦게 세팅되어 있는 사람들도 많으니, 만약 결혼에 목을 매는 사람이 있다면 당신 인생 자체를 크고 넓게 보아야 한다.

반면 운명에 배우자가 없는 사람도 많다.

Q. 제가 결혼이 늦는 이유는 무엇인가요?

배우자가 아직 등장할 때가 아니라서 결혼이 늦는 것이다. 그게 아니라면 아직 배우자 인연이 없다고 봐야 한다.

Q. 결혼이 늦는 데에는 특별한 이유나 의미가 있나요?

결혼이 늦다는 것은 지금 당장 결혼이 중요한 것이 아니라 결혼 전에 해야 할 일이 있다는 것을 뜻한다. 일반적으로 결혼이 늦는 사람은 개인적 카르마에 묶여, 카르마를 해결할 때까지는 결혼이 늦어지는 경향이 있다. 다시 말해 자신의 배우자 인연은 카르마가 끝나야 만나게 된다. 이 경우 시간차로 카르마가 1순위, 배우자가 2순위로 배치되었다고 봐야 한다.

결혼이 늦게 배치된 사람의 경우, 일과 직업을 통해 배우고 공부해야 할 것이 우선적으로 배치된 사람이다. 직업을 갖는다는 것은 그 직업과 관련된 인연들을 만난다는 것을 뜻한다.

결혼 인연이 아니라 일적인 인연이 우선 배치가 되어 운명을 타고 나면, 당신은 일과 직업이 당신의 인생에서 우선인 사람이다. 반대로 일찍 결혼하는 사람의 경우, 바깥의 일적 인연보다 배우자와 자식이 먼저 배치되어 가정을 이루고 배우라는 의미가 깔려있다.

Q. 이혼하면 안 되는 것인가요?

지금이 조선시대도 아닌데 이혼해도 된다!

Q. 이혼한 뒤 연애만 해도 되나요? 이전 결혼생활에 대한 트라우마가 심해서요.

연애만 해도 된다. 안 되는 것이 어디 있겠는가? 그러나 두 번 결혼할 운명을 타고났다면 개인의 의지와 상관없이 두 번째 결혼운이 도래하면 당신은 결혼하게 된다.

Q. 결혼했는데 아기가 안 생깁니다. 이유가 있나요?

당신과 당신 배우자는 이번 생에 부부의 연을 맺으면서 육아가 아닌 각자의 일과 사회생활에 충실하라는 시그널로 보아야 한다. 자식이 주어지지 않았다는 것은 당신들 부부는 이번 생에는 자식을 낳을 조건이 아직 충족되지 않으니, 서로를 보면서 알아가라는 의미이다.

아직까지 자식이 없거나, 이번 생에 자식이 없다는 것은 사회생활을 열심히 하고 정신적인 영역에도 관심을 기울이라는 의미로 해석하면 된다. 자식에게 줄 에너지를 자기 자신과 사회를 위해 쓰라는 뜻이다.

Q. 이혼했는데 결혼 인연이 없으면 재혼을 할 수 없는 건가요?

안 되는 게 어디 있는가? 당연히 재혼할 수 있다! 마음에 드는 사람을 만나 결혼식을 올리면 되는 것 아니겠는가?

그러나 재혼 역시 첫 번째 결혼처럼 끝까지 갈 인연이 아니라면 다시 이혼하게 된다는 것을 알아야 한다. 우리 인간은 사람을 통해 배우고 체험하면서 의식을 높이는 것이 목적이니, 다음번에 이성을 만날 때는 보다 신중해질 수밖에 없고, 결국 사람 보는 눈을 키우게 된다. 사람을 본다는 것은 분별력을 갖추는 것을 의미한다. 그전에는 정신없이 살아왔다면 여러 번의 결혼과 이혼은 사람을 신중하게 만들기도 하다.

결혼이라는 것은 철저하게 인연법에 의해 움직여진다. 지금 현재 또래의 다른 사람들과 비교해서 결혼이 늦으면, 당신은 결혼이 늦게 배치된 사람일 가능성이 높다.

집안에서 결혼문제로 당신을 압박하고 당신도 결혼을 간절히 원하는데 배우자가 나타나지 않고 결혼이 힘들 경우, 그 상황을 감사하게 생각해라!

당장 결혼보다도 당신이 사회에서 배우고 공부해야 할 것이 더 많다는 것을 의미하니 사회생활에 집중하는 것이 이롭다. 인연이 나타나지 않았는데 무리하게 조건 맞추어서 결혼할 경우 이혼할 가능성은 매우 높다.

Q. 부모님이 결혼을 자꾸 강요하는데 미치겠어요!

그건 당신 부모가 다른 사람들을 의식하고 마음이 급해서 그런 것이니 알아서 잘 커버하면 된다. 결혼이 후반에 배치되거나 결혼이 아주 어렵게 세팅되어 태어난 자식에게 아무것도 모르고 결혼을 부추기면 그 결과를 당신 부모가 책임진다고 하던가? 당신 선에서 잘 대응하면 된다.

자신과 가장 가까운 인연은 배우자이다

인간은 영혼 진화를 목적으로 태어나기 때문에 대를 계속 이어나가는 결혼과 생업을 통해 살아가고 생을 마감한다. 결혼은 출산하는 경우가 대다수이므로 배우자는 자신과 인연이 가장 깊은 사람을 만나게 된다.

인연이 깊다는 것은 각자 영혼의 진동대가 같다는 것을 의미하며, 어떤 이에게는 선연을, 또 어떤 이에게는 악연이 세팅되어 결혼하게 된다. 자신의 기운상태에 따라 상대를 불러들이는 원리이다. 자신에게 악연이란 정확히 자신의 모순에 대치되는 인연을 의미하고, 말 그대로 나쁜 인연이란 뜻은 아니다. 자신의 모순과 문제점을 정확히 비추어주는 인연을 이름하여 악연이라 할 뿐이다.

결혼이 행복하다고 느끼는 생각은 일종의 착각과도 같다. 지금까지 살면서 주변 사람들을 살펴보면 다들 결혼을 하는 순간에는 행복감을 느끼지만, 시간이 흘러 혼인관계를 계속 유지하면 많은 일들이 벌어지게 된다. 다시 말해 사람과 사람이 만나 벌어지는 기운의 융합 속에서 순간순간 벌어지는 일들을 얼마나 서로 잘 처리해나가느냐가 관건이다. 잘 협의하여 서로 잘 넘어가면 그 속에는 배움과 깨달음이 있어 결혼이라는 결속이 단단해지지만 각자의 주장만을 앞세우면 파멸로 들어간다.

배우자는 자신의 특정 부분을 가장 닮은 사람이다. 서로 성격이 비슷할 수도 있고, 성격이 정반대인 경우도 있는데 정반대인 경우에도 반드시 어느 한 면은 닮아있다. 그 닮은 면이 서로를 강하게 당기면서 결혼을 하게 만드는 힘이다. 배우자를 보면 나 자신이 보인다. 배우자의 수준이 곧 나의 수준이라는 뜻이다.

사람은 싫든 좋든 자신과 비슷한 수준의 사람을 만나게 된다. 상대와의 수준 격차가 높든 낮든 간에 대부분 비슷한 수준 격차 범위 안에서 혼인하게 된다. 그러나 수준차가 너무 벌어지면 헤어질 확률이 높은 편이다. 서로 간의 격차에는 각자의 마인드도 포함되어 있다.

결혼은 각자의 카르마를 하나로 묶는 행위이다. 즉 혼인생활로 결속된 서로의 카르마를 풀어나가게 되는데 이 부분을 사람들은 잘 이해하지 못한다. 종족번식인 출산과 더불어 서로의 카르마를 풀어나가는 것이 혼인의 목적이다.

또한 학벌, 집안수준, 종교 등이 너무 다른 남녀가 결혼할 경우, 육체적 끌림이 먼저 일어나 사랑한다는 착각이 발생하여 서로 맞지 않는 남녀를 결혼으로 합치게 만들기도 한다. 카르마에 의한 전형적인 케이스이기도 한데 이때는 보이지 않는 기운까지 동해서 움직이기 때문에 각자 마음속으로는 이 결혼은 문제가 있다는 것을 어렴풋이 눈치를 채면서도 결국 혼인을 시키게 만든다. 보이지 않는 기운이란 서로를 당기는 인력(引力)을 뜻한다.

우리는 서로를 당기는 힘의 실체를 이해해야 한다. 특정 시점에서 서로 인연이 되어 이번 생에 다시 만나, 전에 풀지 못한 카르마를 다시 이어가는 원리를 생각해볼 필요가 있다. 여기에는 인과응보 원리가 적용되어 서로의 기운을 주고받으면서 충돌을 일으키고, 이성적 사고가 제어하여 지혜로 풀어나가기도 한다. 이것이 결혼생활이며 그 상대는 각자의 배우자이다.

배우자는 이번 생에 내가 만나야 하는 인연 중에서 가장 중요한 인연이다. 반면 결혼이 늦고 배우자감이 없다는 것은 다르게 해석할 필요가 있다. 핵심적인 의미로는 스스로 혼자서 체험하고 경험하며 지적수준을 올려야 하는 일정이 주어졌다고도 볼 수 있다.

다시 말해 배우자에게 결속되는 삶이 주어진 것이 아니라 배우자가 아닌 다른 인연 혹은 다른 분야에 의식이 집중되어 있는 삶을 뜻한다. 즉 결혼보다 따로 할 일이 있다는 것이다.

이제는 꼭 결혼해야만 하는 시대는 끝이 났고, 생각과 가치가 같은 사람들끼리 모이는 시대이다. 선진국일수록 출산은 서서히 줄어드는 추세이며, 인류의 개체수 유지는 후진국들이 맡고 있는 추세이다. 선진국들과 더불어 우리나라도 개인의 발전에 관심을 가지면서 전체 인류를 들여다보는 시대로 들어서고 있다. 따라서 지금은 각자의 재능이 얼마큼 계발되고 나오느냐가 중요한 시대이다.

배우자가 있는 사람은 그 배우자를 통한 배움이 존재한다. 지금까지는 결혼이라는 것이 서로 다른 남녀를 강하게 결속시켜왔고, 그 결속은 카르마를 풀기도 하고 새로운 카르마를 생성시키기도 하는 일종의 장치였다. 그러나 앞으로의 세상은 시간이 가면 갈수록 결혼이 필요하지 않는 세상이 될 것으로 보인다.

카르마에서 벗어나고자 한다면 인연을 맺지 않으면 된다. 그러나 이것은 불가능한 일이다. 인연을 맺지 않는다는 것은 진화를 멈추겠다는 의미이기 때문이다. 인간은 개인적 카르마는 풀 수 있어도, 전체 카르마에서는 헤어날 수가 없고, 이런 연유로 계속 섞이는 것이다.

따라서 어떤 식으로든 인연을 맺는다는 것은 사람 사이에서 에너지가 교류되고 그 결과 진화적 측면에서의 사건들이 발생한다는 것을 뜻하며, 그 사건들을 통해 인간의식은 상승한다.

그러나 앞으로는 꼭 결혼 인연을 통해 의식을 상승시킬 필요는 없다. 굳이 결혼하지 않아도 우리 인간은 날로 발전하는 과학기술을 기반으로 사회생활을 통해 보다 많은 사람들과 인연을 맺기 때문이다.

배우자는 자신을 비추어주는 거울과도 같다. 지금까지 자신이 어떻게 살아왔는지는 배우자 속에 다 들어가 있다. 그래서 자신과 가장 가까운 인연이 배우자로 들어온다. 배우자를 통해 자신의 수준을 가늠해 보는 것은 의미 있는 일이며, 서로를 이끌어주면서 수준을 올리는 것은 결혼생활의 숙제와도 같다.

나를 밝히면 좋은 인연이 들어온다

인간은 누구나 좋은 인연을 만나고 싶어 한다. 좋은 인연을 통해 자신을 발전시키고 자기 삶을 풍성하게 만들고자 하는 본능적 욕구를 가지고 있다.

좋은 인연이든, 나쁜 인연이든, 그 어떤 인연이든 간에 우리가 사람과 맺는 인연에는 보이지 않는 법칙이 있다. 알고 보면 그 법칙은 실로 간단한 것인데 대부분의 사람들은 인연법칙을 잘 이해하지 못하고 있다.

우리 인간은 육신에 영혼이 담겨 마음이 생성된 하나의 에너지체이며 영혼체이다. 따라서 인간은 에너지체(體)이기 때문에 철저하게 에너지와 기운(氣運)의 영향을 받으면서 반응하게 된다. 이 말은 현재 자신의 기운상태에 따라 그에 상응하는 사람의 기운을 당긴다는 뜻으로, 가령 내가 불안정하고 예민하면 그 파동대에 맞는 사람을 만나게 될 확률이 높다는 뜻이다.

반대로 자신의 마음이 밝고 긍정적이면 비슷한 에너지 준위의 사람을 끌어들일 확률이 높아지고 실제로 그런 사람이 당겨져 만나게 된다. 간혹 예상치 않게 자신과 이질적인 사람이 들어온다 하더라도 결국 서로 기운이 맞지 않기 때문에 인연으로 맺어지지 않고 헤어질 가능성이 높다.

또한 자신의 의식수준과 에너지 상태가 자신과 이질적인 사람을 본능적으로 밀어내기 때문에 자신의 기운상태가 보이지 않는 보호막 역할도 한다. 물과 기름처럼 서로 섞이지 않는 원리이다.

내가 밝으면 어두운 사람이 들어올 수가 없고, 설사 들어왔다고 하더라도 서로 기운이 이질적이기 때문에 스스로 그 인연을 정리할 수 있는 것이다.

우리 인간은 각자의 에너지 상태와 급수에 맞게 인연을 부르고, 현재 자신의 감정 상태에 맞게 사람이 당겨 들어온다. 비슷한 기운은 서로 당기기 때문인데 내가 발산하고 있는 나의 에너지 수준에 따라 나와 의식대가 비슷한 사람의 주파수와 서로 연결된다. 이 과정에서는 중간에 매개가 되는 사람에 의해 서로 연결되기도 하고, 어느 장소에서 만남이 연결되기도 한다.

사람과 사람이 맺어지는 모든 인연 활동의 근저에는 각자 가지고 있는 감정의 상태, 기운의 상태, 급수 등이 하나의 총합적인 에너지화가 되어 그 사람 특유의 기운으로 나오게 된다. 자신에게 다가오는 인연들은 그 기운에 맞게 끌려 들어온다. 비슷한 것은 서로 당기고, 이질적인 것은 섞이지 않고 밀어내기 때문이다.

따라서 좋은 인연을 만나기 원한다면 나를 맑혀야만 한다. 나를 맑힌다는 것은 분별력과 지적수준의 향상으로 자신의 의식 및 물질수준이 높아지는 것을 의미한다. 나의 수준이 높아질수록 인연은 내 수준에 맞게 정확하게 들어온다. 간혹 자신과 맞지 않는 인연이 들어온다

하더라도 나 자신이 맑으므로 자신과 상대방과의 기운 차이가 선명하여 쉽게 정리할 수 있다.

나를 맑히는 것은 말 그대로 나의 의식 자체가 티 없이 밝고 긍정적이면서 현재 내가 하고 있는 활동들이 계속 진보하거나 진화해나가는 것을 뜻한다. 내가 가진 역량을 끊임없이 발휘하려 노력하고, 앞을 나아가는 그 자체 속에서 나 자신이 맑혀지는 것이다.

반면 자신이 하는 일을 그만두거나, 무료하게 아무것도 하지 않는 시간이 길어지면 기운은 서서히 침체되고, 그 침체된 무거운 기운은 잡념과 사념을 끌어당기기 시작한다.

이때부터 무기력과 우울증에 노출되면서 시간차를 두고 에너지가 약해진다. 이런 상황에서 사람을 만나면 정확히 나 자신만큼 문제 있는 사람이 들어오게 되고 본격적인 악연관계가 시작된다. 상대방은 현재의 내 에너지 상태를 보여주는 지표가 된다.

자신의 상태는 사람을 통해 가늠하고 확인할 수 있기 때문에 지금 내가 만나고 있거나 인연을 맺고 있는 사람의 기운상태를 보면 자신의 상태를 명확하게 이해할 수 있다.

좋은 인연을 만나 자신이 좀 더 발전하고자 한다면 지적수준의 향상과 더불어 모든 상황을 분별할 수 있는 힘을 길러야 하고, 자신이 가야 하는 방향이 분명하게 서야 한다.

또한 맡은 바 업무와 자신이 해야 할 일을 성실하게 하고 있다면 자신과 비슷한 또 다른 에너지를 가진 사람을 당겨서 만나게 되므로 자신을 밝히기만 한다면 좋은 인연은 언제든지 만날 수가 있다.

그러나 자신의 환경에 불만이 많고 노력하지 않으면서 좋은 인연을 바란다면 그것은 오판이다. 우리가 사는 차원의 매커니즘은 나의 기운 상태와 어울리는 유사한 기운이 감응하여 당겨져 들어오기 때문에 자신의 환경에 불만이 많고 비관적이거나 비판적이라면 그에 맞는 인연이 정확히 들어온다.

돈은 자신을 위해 써야 한다

세상을 어느 정도 살다 보면 돈에 대한 여러 가지 실체를 알게 된다. 이번 글은 젊은 친구들이 돈이라는 것을 어떻게 대하고 써야 하는지에 대한 이야기이다.

돈은 실상 주인이 없다. 이 말은 '돈이란 쓰는 사람이 임자'라는 뜻이다. 가장 간단한 예를 들면, 집안형편이 어려운 친구들 중 상당수가 학교 졸업 후 직장생활로 돈을 버는데 자신이 번 돈이 자꾸 집안으로 흘러들어가는 것이 좋은 예이다.

집안형편이 어려우니 가족 중 누구라도 돈을 벌면 그 돈의 대부분이 집안의 부채나 생활비로 흘러들어간다. 결국 자신에게는 쓸 돈이 없어지고 빈곤은 반복된다. 이 경우를 보고 돈 버는 사람과 돈 쓰는 사람이 따로 있다는 뜻으로 돈은 쓰는 사람이 임자라는 말이다.

한국인은 핏줄이라는 천륜에 유독 약한 사람들이라서 자기 집안의 어려움을 그냥 외면하지 못하는 성향이 있다. 냉정하게 자신이 이번 생에서 급수상승과 더불어 발전하고자 한다면 자신이 번 돈은 철저하게 자신을 위해 써야 한다. "그럼 가족은?" 이라는 소리는 하지 말고 일단 자신을 위해 돈을 써라! 나머지 가족은 어떻게든 살아가게 마련이니까..

당신 한 명이라도 삶의 수준을 향상시켜야 종국에는 나머지 가족들이 당신을 보면서 따라온다는 사실을 이해해야 한다. 물론 안 따라오고 버티는 인간들도 있겠지만 그 경우에는 눈물을 머금고 너의 길만 가야 한다.

가족 중 누구 하나라도 지금보다는 나은 삶을 살아야만 가족 전체의 진화가 시작될 수 있다. 물론 그것이 진화의 시작이지만 풍요롭고 즐거운 인생을 어느 한 명이라도 먼저 경험하고 향유해야만 그 집안의 수준이 비로소 올라가는 시작점이라는 생각도 해야 한다.

따라서 어려운 환경에서 치열하게 사회를 살아가는 젊은이들은 자신이 버는 돈은 철저하게 자신의 수준을 끌어올리는 데 집중해서 써야 한다. 자신을 위해 돈을 써야 자신의 급수가 상승하는 것이다. 자신의 사회적 포지션을 조금이라도 끌어올리고 싶으면 자신에게 이롭다고 생각되는 모든 공부를 위해 돈을 써야 한다.

어차피 가난한데 주택을 구입하겠다는 생각 말고, 결혼이 늦더라도 당신의 상승을 위해 당신이 번 돈을 써야 한다. 집은 실력을 갖춘 뒤 나중에 배우자와 함께 넓혀 나가면 된다.

이에 사회활동을 위해 혹은 자신이 발전할 수 있는 필요한 공부가 있다면 그 공부를 위해 돈을 써라. 결혼, 주택구입 같은 생각은 일단 멈추고, 발전할 수 있는 모든 배움과 공부에 번 돈을 써야만 당신이 발전할 수 있다. 그러다 보면 어느 순간 서서히 상승하고 있는 실력과 기운에 맞는 배우자와 인연은 들어오니, 기존에 가지고 있던 돈이라는 관념을 보다 진일보하게 정리하여 오로지 자신을 위해 쓰겠다는 생각을 장착하길 바란다.

가난의 대물림은 돈에 대한 명확한 개념 결여가 한몫을 한다. 가난이란 돈을 잘 다루지 못하고 돈과 관련되어 벌어지는 사회활동을 바르게 하지 못하는 사람들이 겪는 고통이기도 하다.

돈은 돌고 돈다는 말이 있는데 이 말은 지금 당장에는 내 앞에 돈이 없지만 성실하게 나의 일을 하고 있다 보면 어느새 돈이라는 것이 인연과 더불어 나에게 들어오는 기회가 생긴다는 말과 같다.

성실하게 일하려면 정신 상태와 습관 등이 좋아야 하는데 기본적으로 갖추어야 할 생각과 가치관이 나쁘면 돈은 마르고 가난이 찾아온다. 어쩌면 돈이라는 것을 통해 개개인의 문제점이 드러나게 만드는 곳이 우리가 사는 사회인 셈이다.

자신이 번 돈을 분명한 명분 없이 가족과 형제에게 쉽게 주지 마라. 돈이란 오고 갈 때는 분명하고 바른 명분이 필요하다. 단순히 생활이 어려워서 돈을 건네주면 훗날 그 건네준 돈 때문에 가족 형제가 당신을 친다. 한 번 돈을 동정심으로 주게 되면 계속 돈을 요구하게 되어있고, 이때 감정이 크게 다치게 되는 원리이다.

따라서 자신이 번 돈은 스스로를 위해 써야 한다. 오로지 자신을 위해 써야 한다. 포지션이 조금이라도 상승할 수 있는 그 무엇이 있다면 그 상승을 위해 돈을 써야 한다.

돈을 안 쓰고 모아두면 언젠가는 다른 사람이 당신의 돈을 털어간다. 돈이 모일만하면 꼭 그때 사건이 터져서 그 돈은 당신의 돈이 안 되고 다른 사람 수중으로 들어간다. 그러니 모으려고만 하지 말고 누가 돈을 털어가기 전에 당신의 급수상승을 위해 돈을 쓰길 바란다.

적어도 당장 계좌에 큰돈은 없지만 직장에서 계속 월급이 입금되고 있고, 그 돈을 가치 있게 쓴다면 올바르게 살고 있는 것이다. 가치 있게 쓴다는 것은 돈을 쓰면 반드시 그 효과를 보아야 한다는 것을 의미한다.

돈은 자신을 위해 쓰면 반드시 그 결과를 볼 수 있게 만든다. 이것저것 따지지 말고 자기계발과 발전을 위해 돈을 쓰길 바란다.

크게 돈을 만지는 사람은 따로 있고, 이 사람들은 돈을 대하는 자세가 남다르다. 그렇지 못한 일반인들은 오로지 자기발전을 위해 돈을 잘 써야 한다.

남녀가 만날 때

남(男)과 여(女)가 만난다는 것은 절묘한 일이다. 시와 때가 정확하게 맞아떨어져 서로 연결되고, 서로의 사연과 사연이 만날 수 있는 환경을 조성하여 남녀는 만나게 된다.

자신의 기운이 하락할 때는 그에 맞는 이성(異性)이 들어오고 자신의 기운이 상승할 때는 또 그에 맞는 이성이 들어온다. 사람이 사람을 만날 때는 현재의 자기 기운상태에 따라 비슷한 기운이 당겨져 들어온다. 이것은 매우 중요한 개념이며, 각자 자신을 점검할 때 매우 유용하다.

남(男)과 여(女)가 만난다는 것은 음과 양이 만나는 것으로 처음에는 일정 기간 서로를 탐색하는 시간을 필요로 하며, 각자의 주파수가 연결되면 서로를 당기기 시작한다. 에너지적으로 서로 같은 준위이고 동질성이 있으므로, 각자의 자력이 동(動)하고 상대를 당기면서 사랑을 하게 되는 원리이다.

기운이나 성격이 전혀 다른 이질적인 남녀라고 하더라도 주파수가 맞아 연애한다면 에너지 준위는 같고, 다만 각각의 특성이 서로 다를 뿐이다. 서로 이질적이라고 해도 만남이 이루어졌다는 것은 두 사람 사이에 어떤 접점이 있다는 방증이고, 서로 다른 이질적인 기운이지만 그 기운의 세기는 같다고 보아야 한다. 또한 서로 극단적으로 성격이 다르면 충돌이 많다.

충돌이 많은 관계는 그만큼 서로를 이해해야 하는 폭이 넓고 크다는 의미이며, 상대를 보면서 내적 공부를 해야 하는 그 무언가가 있다고 보아야 한다. 내적 공부는 자신의 성격과 품성, 그리고 대인관계에서의 문제점과 상대방을 향한 이해력 등이 포함된다.

따라서 남녀가 만나는 일은 지적 수준 향상이 가장 큰 목적이며 21세기에서 종족번식은 부차적인 선택이다. 인간으로 영혼을 담고 태어난 우리는 상대성을 통한 지적 상승이라는 운명적 숙제가 부여되었다. 만약 이것이 목적이 아니라면 짐승처럼 본능적 욕구로 살게 된다.

남과 여가 만나는 과정에는 보이지 않는 힘들이 많이 개입한다. 우연한 만남에도 보이지 않는 힘이 움직인 결과이고 우연한 만남이란 우연을 가장한 필연적 끌어당김이 발생한 결과이다. 인연의 원리에는 보이지 않는 강한 힘이 움직여 들어간다는 사실을 알아두면 지적상승에 도움이 된다.

따라서 과거, 현재, 미래가 중첩되어 나타나는 가장 적나라한 활동이 사람과 사람의 만남, 남자와 여자의 만남이다. 또한 개인 간의 인과응보의 원리가 적용되어 나타나는 것이 남과 여의 만남이며 서로 눈이 맞아 본격적으로 사귀는 시점부터 에너지의 순환 이동과 쟁탈이 일어나게 된다. 이것은 충돌과 싸움으로 번지기도 하며 어떤 이들은 극복하기도 한다.

인간은 자신이 외로울 때 사람을 찾게 된다. 사람을 하나의 에너지체로 이해하면 된다. 내가 외롭다는 것은 나의 에너지가 하락하여 기운이 수축되어 있는 것으로, 바로 이때 인간은 본능적으로 외부에서 새로운 에너지를 수혈하려 한다.

에너지 수혈의 가장 기본적인 방법은 나 아닌 다른 사람을 통해 에너지를 충전하는 것이다. 이에 자신의 기운이 부족한 사람은 밤마다 친구나 사람들을 불러내어 술을 마시거나 수다를 떨게 된다. 사람과 섞여 있을 때 기운이 섞이면서 에너지 흡수가 가능하기 때문이다.

가령 현재 자신의 에너지가 부족한 사람은 이성을 만나면서 상대의 기운을 흡수할 수 있다. 이성을 찾는다는 것은 이성을 통해 에너지를 수혈하기 위함이고, 자신의 기운상태가 떨어진 상태에서 이성을 만나면 강하게 상대를 당기거나 직진해서 들어가게 된다. 이 경우 집착이 발생한다. 남녀 간의 문제에서 어느 한쪽이 강한 집착을 보일 경우 그 사람은 자신만의 트라우마와 더불어 자신의 에너지가 고갈되어 상대의 에너지를 강하게 흡수하고, 상대에게 의지하려는 사람이다.

사람 간의 에너지 원리를 이해하면 사람에게 쉽게 당하지 않기 때문에 우리 모두 사람을 통해 관계성을 배워야 한다.

그렇다면 외로울 때 만나는 이성의 인연은 과연 자신에게 이로울까? 여러분에게 물어보겠다. 과연 이로울까? 이롭지 않다!

그러나 상대를 통해 자신을 바라볼 수 있는 배움은 있다.

현재 당신이 외로워서 이성을 찾는 경우 당신의 기운상태보다 좋은 그 이상의 이성을 만나기란 쉽지 않다. 그러나 만약 운 좋게 만난 이성이 당신보다 에너지가 더 좋은 사람일 경우, 처음에는 그 사람이 당신에게 끌릴 수는 있으나 당신에 대한 탐색이 끝나면 당신을 밀어낸다. 서로 에너지 준위가 맞지 않기 때문이다. 사람은 무의식중에 상대를 탐색하고 그 기운을 감과 촉으로 읽어내는 능력이 있다.

따라서 자신과 수준이 맞지 않으면 밀어내는 본능이 나온다. 간혹 서로 에너지 수준 차가 남에도 불구하고 일정 기간 만날 수는 있다. 이 경우 상대가 당신을 여러 가지 이유 즉 어장관리 차원이나 호기심 혹은 일시적인 성적 파트너로서 만날 뿐이다. 그러나 결국 시간이 지나면 당신을 밀어낸다. 에너지적 수준 차가 원인이다.

외로운 사람은 자신이 인지하지 못하는 가운데 비슷한 파동대의 이성을 끌어당긴다. 서로 에너지 준위가 같기 때문이다. 그러나 자신이 외로울 때 이성을 만나면 처음에는 육체적으로 끌릴지는 모르겠으나 조금만 시간이 지나면 서로 충돌이 날 확률이 높다. 그 이유는 서로가 불안정하기 때문이다.

기운이 차고 넘치면 건강한데 외롭다는 것은 기운 자체가 가라앉아 우울하기 때문에 불안정한 것이다. 서로가 불안정하면 충돌은 자연적으로 발생할 수밖에 없다.

인간의 관계성은 최초 서로의 에너지가 융합되고, 그 다음에는 순환되어야 한다. 그런데 서로가 외로우니 상대방의 에너지를 당기기만 하고, 바로 이때 사람에게 기가 빨린다.

각자 에너지가 부족하면 서로를 할퀼 가능성이 크다. 여기에다 경제적 형편까지 좋지 않다면 최악으로 흐른다. 이 정도까지 치달으면 사랑만으로는 살 수 없다는 얘기가 자연스럽게 나오게 된다.

남녀 간의 사랑에서 돈이 전부가 아니라고 말하는 사람이 있는데 돈이 전부는 아니지만 당신 인생을 좌우할 수 있는 영향력을 가진 것이 바로 돈이라는 에너지이다. 돈은 당신이 얼마나 균형 있게 살았는지를 나타내는 보조지표이기도 하다.

다시 본론으로 돌아가서 외로울 때는 가급적 이성을 만나지 마라! 자신이 외로울 때 이성을 만나면 당신과 똑같은 에너지 준위를 가진 이성이 들어올 확률이 매우 높다. 외로울 때는 자신의 기운이 하락하여 침체된 것이니 자신의 문제점을 살펴보고 노력하여 다시 기운을 채울 때이다. 사람은 에너지 준위가 비슷하지만 그래도 나보다 조금이라도 나은 에너지를 가진 사람을 만나야 상승할 수 있는 기회를 얻게 된다.

당신이 외로울 때는 이성을 찾지 말고
자신을 돌아보는 공부를 할 구간이다!

인간은 에너지가 좋고 잘 나갈 때는 절대 외롭지가 않다. 기운이 좋고 상승할 때는 성취감과 만족감으로 더 큰 시너지를 내면서 치고 올라가기 때문에 외로울 틈이 없고 사람들이 몰려든다.

그러나 기운과 에너지가 떨어질 때가 외로운 법이다. 이때는 자신을 살펴보고 공부를 해야 할 때이다. 부족한 에너지를 채우려고 쓸데없이 돌아다니는 순간 더욱 외로워지고 더 망가진다는 것을 깨달아야 한다.

내가 힘이 떨어졌을 때는 겸손하게 다시 나를 살펴보아야 한다.

주위에 친구나 누군가가 이성을 처음 만날 경우 그 사람의 에너지 상태를 유심히 살펴보라. 당신이 눈썰미가 있고 기감이 있다면 그 상대방을 보지 않아도 희미하게나마 에너지 상태를 알아낼 수 있다. 제일 좋은 남녀 간의 만남은 서로의 에너지 상태가 좋을 때 만나는 것으로 이 경우 외부 변수만 없다면 지속적인 행복한 연애를 할 수 있다. 물론 결혼으로 들어가면 상황은 또 달라진다는 것도 알아두면 좋다.

우리 인간은 매 순간이 테스트 인생이다. 마지막으로 당신이 이성을 만날 때 당신의 에너지 상태가 어떤지를 살펴보라. 이것만 분별하고 이해해도 지금 내 앞에 들어오는 인연의 특성을 파악할 수 있다. 우리 인간은 자신에게 들어오는 인연을 통해 자신의 현재 수준을 알 수 있다.

고집 센 여자
기가 센 여자

대체로 한국 남자와 한국 여자 중에서 고집과 기로 싸움이 붙으면 한국 여성이 이기는 편이다. 남자가 제아무리 기질이 세다 하여도 여성의 지속적이면서 놓지 않으려는 집착에는 이길 수가 없고, 설사 여성에게 이긴다 하더라도 남자 체면이 말이 아니게 되는 경우가 다반사이다.

이번 글 제목은 '고집 센 여자, 기가 센 여자'이다. 이 글을 읽는 분들이 꼭 이해해야 하는 것이 있는데 사람이 고집(固執)과 기(氣)가 세면, 그만큼 이 세상에 가지고 오는 카르마(業)도 비례하여 커진다는 법칙을 꼭 인지할 필요가 있다. 방금 말한 개념의 법칙은 다른 분야에서도 동일한 원리로 적용되는 자연력의 법칙이며 중요한 개념이다.

자기 자신이 고집과 기가 세다는 것은 고집과 기가 오랜 시간을 두고 점진적으로 응축되어왔다는 것을 의미한다. 이 세상에 태어날 때 영문도 모르고 혹은 태어나 보니 고집과 기가 어느 순간 갑자기 세어진 것이 아니라는 뜻이다.

개개인의 고집과 기는 자기 가문과 밀접한 연관이 있다.

보이는 모든 일에는 인과(因果)가 있고 자신을 분석할 때도 이 인과 법칙은 정확히 적용된다. 따라서 만약 자신의 성향과 특징을 살피려면 먼저 자기 가족들부터 분석하는 것이 정석이다.

'나'라는 사람이 태어날 때는 나를 낳아준 남자와 여자 즉 부모 밑에서 생물학적 출산으로 나오게 되고, 부모의 유전자와 정보들을 대물림하듯이 흡수하여 탄생한다.

따라서 부모와 외모가 비슷한 것도 유전자 정보에 의해 결정되므로 나란 사람과 가장 비슷한 사람이 바로 나의 가족이 된다. 이런 이치로 내가 고집이 세면 당연히 부모 중 어느 한쪽 내지는 양쪽 모두가 고집이 셀 확률이 매우 높다.

우리나라에는 남자도 그렇지만 특히 고집이 세고 기가 센 여성들이 많다. 이것은 한국 여성들의 두드러진 특징 중 하나인데 강인함과 끈기, 집착으로 대표된다. 그런데 이런 특징들은 어디에서 왔을까? 바로 한민족의 역사가 그 답이 된다. 우리 조상들이 겪은 역사적 사건들 속에서 자연 발생한 생존 본능과 자식들을 향한 집착적 보호 본능이 이 땅의 여성들을 강인하게 만든 것이다.

고집은 무언가를 지키려는 본능에서 뻗어 나온 가지로 비유할 수 있고, 각자만의 내적 비밀과 성장환경 등이 고집을 더욱 고착시키기도 한다.

고집이 세고 기가 센 여성들은 살면서 일반적인 평범한 여성들보다 더 많은 난관에 직면한다. 나 자신이 기가 세면 그만큼 많은 기운들이 달라붙는 원리이며, 나 자신의 기운이 큰 만큼 그 사이즈만큼 사건과 일은 벌어지게 된다.

다시 말해 기가 세다는 것은 다른 사람들보다 주어진 그 무언가의 임무가 더 크고 많다는 것과 같다. 그게 싫다면 자신의 기운을 죽이고, 고집을 중단해야 한다.

그러나 타고난 성품과 기질은 바꾸기보다는 그 기운에 맞게 나 자신이 현명하게 살아가라는 자연력의 뜻이 담겨있기 때문에 자신의 기운을 '어떻게 세련되게 잘 쓰느냐?'가 핵심관건이다.

따라서 자기 성격과 기질로 인해 대인관계가 파탄 나거나 어려움을 겪는 여성들이 있다면 먼저 당신들의 어머니를 유심히 관찰해보아야 한다. 십중팔구 당신이 센 만큼 당신 어머니도 기질이 셀 확률이 높다. 이에 어릴 때부터 당신 어머니가 어떤 문제와 일에 직면하면 어떻게 반응하고 처리했는지를 살펴볼 필요가 있다. 어머니의 기질과 대인관계 속에 내가 어떻게 처신해야 하는지 답이 있기 때문이다.

고집이 세고 기운이 큰 여성은 어떤 일을 칠 때 크게 에너지를 돌려내어야 하는 사람이다. 대부분 정이 많고, 손이 크며, 한 성격하는 보스적인 기질을 가지고 있고, 이런 여성은 언행과 처신을 잘못하면 자기 기운 크기만큼 비난과 비판의 칼이 들어오기 때문에 그 누구보다 정확한 분별력을 갖추어야 한다.

분별력이 없으면 사람에게 물어뜯기기도 하는데, 고집 세고, 기가 센 여성들이 대인관계와 연인관계에서 사람에게 크게 당하는 이유가 바로 여기에 있는 것이다.

자기 자신이 고집이 세고 기운이 세다는 것은 어떤 일을 처리할 때 그 누구보다도 더 잘 처리할 수 있는 힘을 가지고 있다는 뜻이다. 무릇 모든 일은 기가 센 사람들이 주도하고 처리하게 되며, 약한 사람들은 이 사람들을 따라가게 된다.

그런데 기가 센 사람들이 일을 잘못 처리하거나 사람을 잘못 이끌게 되면 나보다 약한 사람들이 나를 할퀸다. 기가 센 사람은 그렇지 못한 사람에게 요구받는 보이지 않는 책무가 있다고 이해하면 된다.

마찬가지로 연애하거나 결혼생활을 할 때도 자신이 기가 센 만큼 상대를 지혜롭고 분별 있게 다루지 못하면, 자신이 무지하고 무식한 만큼 상대의 저항이 들어온다. 이때는 고집과 기가 센 만큼 비례해서 상대의 저항이 들어오기 때문에 그 정신적 상처는 대체로 매우 크다.

사람 눈에 잘 띄는 사람은 남들보다 일반적이지 않은 기질과 외모를 가지고 있기 때문에 그 누구보다 더 높은 분별력과 리더십을 요구받는다. 더하여 지혜까지 가지고 있어야 주위 사람들이 나를 치지 않기 때문에 이 사람들은 남들보다 더 강한 관찰력을 가지고 분석하고 행동하는 실천력이 요구되는 사람들이다.

사람은 자신의 부모를 닮고, 자신의 형제들을 닮았기 때문에 만약 자신이 대인관계에서 어려움을 자초하여 겪고 있다면, 먼저 자신의 과거 언행을 살펴보고 이후 자신의 가족과 그들의 지난 언행들의 결과가 어땠는지 분석하면서 타산지석으로 삼아야 한다.

나 자신이 무지할 때에 가장 가까운 곳에서 시그널을 주게 되는데 나의 문제점은 정확히 나의 부모와 가족들이 공유하고 있는 문제점들이기도 하다.

기가 세면 센 만큼 분별 있게 놀아야지, 고집과 아집, 욕심에 눈이 멀면 주위 사람들이 반드시 당신을 치고 들어온다. 고집과 기가 세면 그만큼의 카르마와 고난이 들어오는 원리이다. 반면에 카르마와 고난이 크면 클수록 깨달음의 폭도 그만큼 더 넓은 법이다.

모든 일에는 인과가 존재한다. 그 인과를 푸는 것은 그 사람의 분석력과 통찰력에 달려있다. 자신 주변에서 일어나는 모든 일들은 일종의 시그널이다. 분명한 것은 고집 센 여성이 큰일을 칠 수가 있고, 기가 센 여성이 큰일을 벌일 수가 있다.

따라서 고집 세고 기가 센 여성들은 크게 생각하고 크게 놀아라! 단 분별 있게 놀아라!

사람에게 속마음을 털어놓을 때

'영원한 비밀은 없다'는 말이 있다. 비밀은 얘기하는 순간 비밀이 아니게 된다. 마찬가지로 우리 인간은 주변 사람에게 속마음을 털어놓는 순간, 더 이상 속마음이 아닌 공공연한 비밀이 되어버린다. 인간관계에서 벌어지는 모든 오해와 사건은 서로 주고받는 이야기에서 파생되어 나오는 결과물이다.

요즘 젊은 친구들 중 대인관계에서 어려움을 겪는 사람들이 많다. 대인관계에는 원칙이 존재하는데 원칙대로 실행하기란 쉬운 일이 아니다. 인간은 영혼과 더불어 '마음'이라는 감정 에너지가 있기 때문에 자신의 심리와 기운상태는 날씨처럼 항상 시시각각으로 변하게 되어있고, 이 감정 에너지의 변화로 자신의 속마음을 털어놓게 된다.

그런데 속마음을 털어놓을 때는 분명한 원칙들이 있고, 그중 가장 핵심적인 것은 상대방이 당신의 모든 것을 이해하고 있다는 전제하에서 상대방에게 속마음을 털어놓아야 한다. 방금 말은 중요한 말이니 기억해두길 바란다.

인간관계에서 발생하는 오해들은 서로 말로 주고받은 이야기 주제에 대해 완전한 이해가 되지 않았을 때 벌어진다. 하지만 당신이 대화를 나눌 당시와 그 이후에 상대방은 당신이 털어놓은 속마음이 다 이해되지는 않지만, 당신에 대해 잘 알고 있다면 상대방은 시간을 두고 조금씩 이해의 폭을 넓혀나가게 된다.

그러나 당신을 완전하게 이해하려 노력함에도 불구하고 이해가 되지 않으면 당신이 털어놓은 속마음의 이야기를 시간차를 두고 다른 사람에게 옮길 확률이 높아진다.

속마음을 누군가에게 털어놓고 싶을 때 가장 먼저 고려해야 할 것은 '과연 누구에게 털어놓을까?'이다. 만약 당신이라는 사람을 완전하게 이해하지 못하는 사람에게 털어놓으면, 당신의 속마음은 시간을 두고 다른 사람에게 퍼져나가게 된다.

누군가 나를 잘 이해하고 있다면 나의 갈등과 고민도 이해할 수 있다는 것을 의미하고, 그 사람은 절대 당신의 고민을 다른 사람에게 이야기하지 않는다.

사람은 누군가가 자신에게 힘겹게 이야기한 내용이 완전히 이해되지 않으면 그 내용을 다른 사람에게 옮길 가능성이 크다. 그 이유는 내가 이해가 되지 않으니 다른 사람에게 얘기해서 그 답을 들으려고 하는 행위가 본능적으로 나오기 때문이다. 이것은 기운과 에너지가 전파되고 이동되는 모습을 원리적으로 표현한 것이다.

인간은 만약 누군가가 자신에게 털어놓은 속마음이 100% 이해가 된다면 절대 다른 사람에게 그 내용을 얘기하지 않는다! '완전한 이해'는 그 자체로서 그 사람의 감정과 행위들을 안정화시키고, 속마음이라는 정보는 조용히 내 가슴속에 흡수되기 때문이다.

그러나 불완전한 흡수는 다시 다른 사람에게 발설하게 되는데, 불완전은 완전으로 돌리려는 일종의 자연력의 속성이며, 우리 인간이 하는 행위들은 철저하게 자연력을 따른다.

따라서 누군가에게 속마음을 털어놓고 싶을 때는 상대가 온전히 이해가 되도록 이야기를 해야 한다. 당신의 감정을 쏟아낼 때는 자신의 감정에만 치우치지 말고, 상대가 정확하게 이해되도록 털어놓아야 상대는 온전히 당신의 말과 감정을 흡수할 수 있다.

이것이 안 되면 상대방은 당신의 말을 다른 사람에게 옮긴다. 그것도 당신이라는 사람에 대해 이해할 수 없다며 다른 사람에게 "너는 어떻게 생각하느냐?"고 반문하며 말을 옮긴다.

'속마음'이란 감정이 쌓이고 쌓인 일종의 사념 기운이기도 하다. 이 속마음은 감정의 지배를 받는 측면이 있다.

예를 들어 술이 들어가면 감정이라는 에너지가 극점을 치면서 속마음이 터져 나온다. 바로 이 순간 당신이 말한 속마음의 이야기는 비밀이 되지 못하고 다른 사람들에게 공유될 수도 있다.

흥분하거나 불안정한 상태에서 털어놓는 속마음은 비밀이 되지 못하고 퍼져나간다.

감정의 지배를 받으면서 한 이야기에는 후회가 많고,
이성의 지배를 받으면서 한 이야기는 후회가 없다!

스스로 예단하여 사람을 믿고 감정을 털어놓기보다는 사람에게 다가갈 때와 사람에게 이야기를 털어놓을 때는 자신의 감정을 잘 살펴보아야 한다.

그 이유는 우리가 하는 대화 속에는 말로 자신의 감정상태가 상대에게 전이되며, 자신의 불안정한 기운은 상대를 똑같이 불안정하게 만들면서 자신이 한 이야기가 퍼져나갈 수도 있기 때문이다. 불안정은 항상 안정으로 돌리려는 습성이 있다.

따라서 속마음이나 자신만의 비밀을 누군가에게 얘기하고자 할 때는 자기 자신의 감정 상태를 먼저 점검하고, 상대방이 과연 신뢰할 수 있는 사람인지를 유심히 살펴본 후에 상대와 이야기를 해야 한다. 이것은 하나의 원칙이기도 하며, 자신을 점검하고 상대방을 살피면서 대화를 전개하는 습관을 가지면 상대방은 당신의 속마음을 발설하지 않고 지켜준다.

나 스스로 어떤 상황이 이해되지 않아 괴로운 심정으로 상대에게 그 감정을 털어놓으면 당신도 이해 안 되는 상황이 상대방은 이해되리라 보는가?

먼저 자신의 감정과 상황을 정리하는 것이 우선이다.

상대의 말을 경청하는 것도 중요하지만 자신이 상대방에게 속마음과 같은 비밀스러운 이야기를 할 때 어떻게 바르게 전달하는가의 문제는 더욱 더 중요한 일이다.

감정에 치우치면, 말이 왜곡되어 전달되고 상대는 곡해한다. 상대방이 곡해하는 순간, 당신의 속마음은 당신만의 속마음이 아니게 된다.

어쩌면 사람과 대화를 잘하는 사람은 기운을 잘 다루는 자이기도 하다. 상대의 말과 감정을 온전히 이해한다는 것은 지적수준이 높다는 방증이기 때문이다.

인간이 하는 말은 가장 강한 에너지의 한 형태이다. 동서고금을 막론하고 역사적 위인들은 말과 글의 힘이 좋았다. 다시 말해 말과 글로 사람들을 휘어잡고 상황을 변화시키는 힘이 있었다는 것이다. 이에 우리가 내뱉는 속마음이라는 것도 얼마나 신중해야 하는지 이해해야 한다.

적어도 현재 자신이 이야기하는 상황에 대한 판단과 상대방의 의식수준 정도는 확인하고 말을 내뱉어야 한다. 함부로 속마음을 얘기하면 자신이 한 말이 자신을 옥죄는 상황을 맞이할 수 있다.

속마음을 털어놓고 싶을 때는 상대방만 보기보다는 그 순간 자기 자신도 보아야 한다. 나 스스로 정리되지 않은 속마음을 얘기하면 상대방 역시 정리가 되지 않고, 상대방은 나의 말을 온전히 이해하지 못한다. 그리고 그 말은 퍼져나간다!

돈의 원리적 이해와 의식 상승

이른바 돈독이 오른 사람들이 있다. 이들은 돈을 밝히고 돈의 힘을 믿는다. 돈에는 힘이 있을까? 있다!

돈맛을 안다는 것은 돈의 힘을 믿는 것과 같다. 문제는 돈이 가지고 있는 힘의 원리를 알지 못하면 돈은 자신을 칠 수 있다는 점이다. 돈이 무섭다는 것이 바로 이 때문이다. 사람을 상하게 할 수 있는 것이 돈이며 사람을 살릴 수도 있는 것이 돈이다.

재물 카르마(돈 카르마)는 크게 두 종류로 나뉜다.

① 돈을 버는 부류
② 평생 돈을 추구하면서도 돈을 못 모으며 온갖 사건·사고를 겪고 체험하는 부류

1번의 경우 재물운을 타고났고, 2번의 경우 재물에 의해 온갖 수모와 시련 및 사건을 다 겪는 체험이 있다. 1번의 경우 꾸준히 자기 길을 가는 경향이 높고, 2번의 경우 돈을 쫓지만 결국 욕심으로 크게 다치는 경우가 많다.

돈으로 인해 인생이 망가진 경우 재물을 중심으로 한 카르마가 있다고 표현하고, 돈을 벌어 인생이 성공한 경우도 재물 카르마가 있다고 간주한다. 한쪽은 돈 에너지가 고갈되고 한쪽은 돈 에너지가 확장되는 양극성을 가졌다.

돈을 쫓으면서 돈이 자기 인생의 중심이 되어 돈으로 인해 여러 체험을 하는 케이스는 그 체험들을 통해 자신과 사람들을 이해하는 깨달음의 장치가 있다. 반면 돈을 벌어 성공하는 경우는 일관되게 자신이 세운 목적으로 나아가면서 돈을 불리는 케이스로 돈을 벌어들이는 과정 속에서 많은 일들을 체험해야 한다.

하지만 이 두 케이스 모두는 언제든지 욕심으로 인해 인생의 내리막길을 경험할 수 있는 체험에 노출되어 있는 사람이기도 하다. 바로 2차 카르마를 의미한다. 돈을 버는 사람은 배우자나 자식, 그리고 가족에게 2차 카르마가 설정되어 있는 경우가 많다.

분명한 것은 돈으로 인해 인생이 무너지는 경우 자기절제와 제어를 경험하라는 의미가 내포되어 있다.

그러나 선택과 결정은 자기 자신에게 있기 때문에 수차례 망했다가 일어서는 반전의 결과를 낳을 수도 있지만, 대체적으로 자신의 운과 함께 가는 것이 인간의 삶이기도 하다. 욕심을 제어하고 자신의 일에 최선을 다하면 기본적인 돈은 들어오고 자신에게 머물 수 있다.

자기 절제에 실패하고 과욕을 부리면 돈은 정확하게 빠져나가기 시작한다. 돈은 어쩌면 자신의 상태를 정확히 반영하는 또 다른 보조지표와도 같은 것이다. 나 자신이 추락하면 돈은 수중에 없고, 나 자신이 상승하면 돈은 내 수중에 있게 된다. 즉 자신의 기운상태를 반영하는 것이 돈인 셈이다.

돈이 쌓일 때의 원리를 아는가? 특정 시점에서 돈이 한 개인에게 끊임없이 들어올 때의 원리를 아는가?

하고 있는 일에 매진하면서 자신의 에너지가 차고, 개인의 상승운이 겹쳐질 때 재물이 들어온다. 이에 자신의 에너지를 채우려면 실력과 적당한 선의 욕심제어는 필수이다. 실력은 채우고 욕심은 조금씩 제어하는 것이다.

방금 말한 순차적 방법으로 자신의 기운을 상승시키면 자기 인생에 들어있는 상승운과 만나는 순간 돈이 들어오게 된다. 즉 실력(實力)과 운(運)의 때가 절묘하게 만나는 순간 돈은 들어오는 것이다.

돈을 추구하면서 돈이 모이지 않는 경우와 들어오는 돈보다 나가는 돈이 많은 경우, 당신에게 뭔가 문제가 있음을 알려주는 일종의 시그널이라는 것을 인지해야 한다.

다시 말해 돈이라는 에너지를 잘못 운용하고 있다는 뜻이다. 이 경우 자기 인생을 잘못된 방향으로 몰아가고 있거나, 그게 아니라면 당신은 돈을 잘 모르는 사람이다. 큰돈이든 적은 돈이든 간에 자신이 그 돈의 무게를 감당하지 못하면 돈은 빠져나간다.

내가 실력이 차고 겸손할 때 돈을 포함한 좋은 에너지가 나에게 들어온다. 자신의 에너지가 좋으면 새로운 힘이 붙는 원리인데 이 글을 읽는 분들은 꼭 기억해두시길 바란다.

돈이든 또 다른 에너지이든 간에 나 자신의 상태에 따라 힘이 붙거나 힘이 떨어져 나가고, 좋은 에너지는 자석이 주변 쇳가루를 당기듯이 자신의 의지에 따라 원하는 에너지를 당길 수 있다. 문제는 이런 원리를 실현할 수 있는지가 핵심일 것이다.

나의 정신이 바르지 못하고, 분별력이 떨어지고, 돈을 모으는 목적이 불분명할 경우 절대 돈을 모으지 못한다. 또한 돈을 어떻게 써야 하는지도 중요한데, 자신이 조금이라도 이득을 얻거나 발전할 수 있는 분야에 돈을 쓴다면 돈이라는 에너지를 가장 잘 쓰는 일일 것이다.

주변에 돈을 많이 번 사람이 있다면 절대 따라 하지 마라! 당신과는 철저하게 다른 인생이다. 좀 더 쉬운 말로 돈을 많이 번 사람과 당신은 이번 생에 인생설계 자체가 다르다는 뜻이다.

또한 돈을 많이 번 부자가 나중에 망하든지 말든지 간에 지금 현재 많은 돈을 번 사람은 과거 어느 특정 시점에 자기노력과 실력이 운(運)과 함께 절묘하게 맞아떨어진 사람이다. 단 실력 없이 운으로 돈벼락을 맞은 경우 그 돈은 반드시 다 나간다.

많은 돈을 번 사람은 기본적으로 재물운을 타고난 사람이다. 이런 사람들을 분석해보면 철저하게 자기노력과 함께 운을 타면서 돈을 확장해나간다. 그래서 돈이 많은 사람들은 또 다른 종류의 신기(神氣)가 있다고 하는 것이다.

경제학자가 돈을 다루는 학문을 연구하여도 그들 또한 재물운을 타고나지 않으면 절대 부자가 될 수 없다. 큰돈을 만지거나 소유한다는 것은 연구한다고 이루어질 수 있는 것이 아니라 타고나야 한다. 반대로 재물운이 약한 자는 자신의 영역에서 최선을 다하고 자신의 지적수준을 끌어올려야 한다.

돈을 많이 버는 자는 따로 있다. 나머지 사람들은 자신의 일에 최선을 다하고 실력과 급수 상승에 전념해야 하고, 이 모든 것에는 각자의 의식상승과 진화가 존재한다. 나의 생각이 다르면 나의 행동이 달라지고, 행동이 달라지면 인생이 변화한다.

따라서 타고난 재물운이 고만고만한 사람들은 자신이 벌어들이는 재물을 자신의 발전과 급수상승에 초점을 맞추어야 자기 인생이 풍성해지며, 자식을 낳으면 자식이 한층 더 발전할 수 있는 토대가 깔리게 된다.

돈이 없는 사람은 최소한 자식에게 지적 욕구를 충족시켜 주어야 한다. 재물운이 약한 사람은 자식에게 재물을 물려줄 사람이 아니다. 다음 대가 잘 살 수 있게 삶의 지혜와 정신을 물려주어야 한다. 따라서 내가 배우려는 노력이 나의 자식들의 에너지를 채워줄 수 있다.

부자는 자식에게 재물을 물려줄지 몰라도 평범한 사람들은 자식에게 물려줄 돈이 없기 때문에 각자의 지적 수준을 끌어올려서 자식에게 정신을 물려줘야 한다. 부모가 조금 가난하거나 혹은 평범해도 의식 수준이 높은 부모의 정신을 보고 자란 자식은 그 누구보다도 가능성이 있기 때문이다.

감사의 말씀을 전하며

내가 지금보다 훨씬 젊었던 시절 내가 처한 상황을 타개하고자 서점을 많이 다녔었다. 그러나 나의 문제를 직접적으로 해결해줄 수 있는 책은 찾지 못한 기억이 있다. 닥치는 대로 책을 읽었지만 내가 알고자 하는 내용과 나를 이해시켜줄 만한 정보는 없었다.

그렇게 나의 카르마를 겪기 시작하고 누구나 그렇듯 나도 많이 괴로웠고 힘들었다. 지금 생각해보면 괴롭고 힘든 것은 큰 문제가 아니었으나, 나 자신을 포함하여 세상이 온통 이해가 되지 않는 것이 가장 힘들었다. 나중에는 나를 둘러싼 사방이 전부 벽이라고 느껴졌다.

우리 모두는 정보의 대물림을 받는 존재들이기 때문에 그 예전 내가 힘들었던 경험이 있었듯이, 요즘 젊은 친구들도 반드시 카르마에 의한 좌절과 고통을 겪을 것이라 판단된다. 이것이 이 책을 출간한 이유다.

인간은 존귀하다. 아니 실로 거룩하다. 그러나 존귀하고 거룩하기까지 가는 여정은 고통스럽다. 개개인이 스스로 존귀함을 이해하기 위해서는 많은 정보와 체험을 필요로 한다. 나는 나에게 다가오는 정보와 체험에서 주는 메시지들을 이해하는데 꽤나 고생하였다.

우리 모두는 물질문명의 발전과 함께 개개인의 의식 진화를 이루어 내어야 하는 보이지 않는 임무를 부여받았다. 그러나 모든 개체들이 그렇듯이 각자의 힘은 전체 자연 속에서는 서열화되고 고유의 영역을 갖는다. 나는 우리 인간이 급과 신분이 높든 낮든 간에 기본적으로 각자 고유 영역에서 최선을 다할 때만이 인류평화와 진정한 진화를 이루어 낼 수 있다고 본다. 출생 환경과 카르마는 각자의 고유 영역을 확인해 주는 지표이다.

이 자연은 힘이 센 개체만이 홀로 존재할 수 없는 곳이다. 수많은 개체들이 다양한 재주와 재능으로 제각각 고유 영역 속에서 활동하고 있다. 자신이 노동자든 직장인이든 사업가든 혹은 고위직이든 간에 지구에 사는 모든 인간들은 전체 인류사회에서 똑같이 중요한 필요 구성 영역의 계층들이다. 이것이 나의 인간관이다.

각자 자신의 영역에서 서로 다른 계층을 존중하고 이해하며 바르게 최선을 다해 살면 현재 지구촌이 직면한 수많은 갈등은 감소할 것이라 판단된다. 아울러 바르게 최선을 다해 살되 남을 이롭게 하면서 살아야 할 것이다.

우리 모두 자신의 자리에서 빛나는 사람이 되어야 한다. 그러기 위해서는 각자 머릿속에 자연법에 근거한 바른 개념이 정립되어야 하는데, 나는 지금보다 훨씬 젊었던 시절 그렇게 하지 못했다. 그런 연유로 이 책을 내게 되었고, 젊은 친구들에게 조금이나마 도움이 되었으면 한다.

앞으로 책을 시리즈로 출간할 마음도 있다. 내 생각을 다 담지 못했기 때문이다.

끝으로 이 책의 표지 디자인과 교정에 힘을 써준 태라님께 감사하며, 지금까지 나를 키워준 모든 인연들께 감사하며, 나를 지켜준 모든 인연과 존재들께 감사하며, 나를 잘 성장시켜준 이 나라에게 감사하며, 세상을 알게 해준 인류와 인류문명에도 감사하며, 마지막으로 모든 신들께 감사함을 전한다.

주신(主神) 신영록